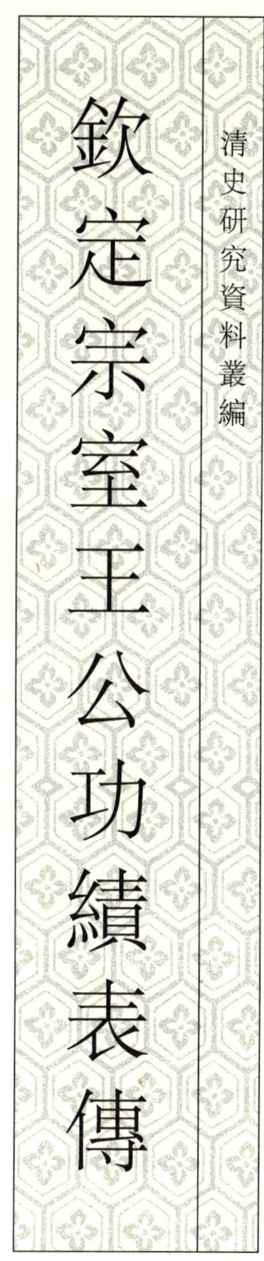

欽定宗室王公功績表傳

清史研究資料叢編

2

中華書局

第二册目録

欽定宗室王公功績表傳十二卷首一卷(之二: 卷六至十二)

卷十一

欽定宗室王公功績表傳十二卷首一卷

（之二：卷六至十二）

清嘉慶武英殿刻本

欽定宗室王公功績表傳卷六

傳四 親王

和碩鄭親王濟爾哈朗傳

濟爾哈朗追封和碩莊親王舒爾哈齊第六子

舒爾哈齊。

顯祖宣皇帝第三子。

太祖高皇帝母弟。初封貝勒。歲乙未。東海瓦爾喀部斐悠城長策穆特赫。苦烏拉部長之虐。乞歸附。

太祖命舒爾哈齊同貝勒褚英代善往收其環城屯寨
五百戶以還
賜號達爾漢巴圖魯事詳廣畧貝勒褚英傳辛亥年八
月薨順治十年五月追封和碩親王謚曰莊濟
爾哈朗幼育于
太祖宮中封和碩貝勒天命十年十一月同台吉阿巴
泰等援科爾沁有功事詳饒餘敏郡王傳十一
年四月征喀爾喀巴林部十月征扎嚕特部並

有功天聰元年正月同貝勒阿敏岳託阿濟格

等征朝鮮師屢勝次平壤城朝鮮王李倧使請

和阿敏仍欲進攻岳託不可濟爾哈朗以不宜

深入可駐平山城以待和議之成遂引軍往與

李倧議歲貢定盟而還事詳克勤郡王傳五月

從

上征明出廣寧舊邊進圍錦州同貝勒莽古爾泰等率

偏師衛塔山糧運遇明兵敗之尋移師寧遠與

明總兵滿桂兵遇，裹創力戰，大敗其衆。二年五月，以蒙古固特塔布囊自察哈爾移據阿拉克綽特部舊地，遇來歸我者輒行阻殺，

命同貝勒豪格討誅之，收其衆。三年八月，同貝勒德格類、岳託、阿濟格等征明錦州、寧遠，焚其積聚，多俘獲。十月，

上親統大軍由洪山口征明，

命同岳託攻大安口，毁其水門，乘夜進擊，走明馬蘭營

援兵。且見明兵立二營于山上。濟爾哈朗先擊敗其衆。追至馬蘭營。殲之。是日自辰迄巳五戰皆捷。降馬蘭營。馬蘭口。大安口。三營兵。趨石門寨。明援兵至者悉斬之。寨中官民出降。遂會大軍于遵化。進薄北京。十二月。同貝勒阿巴泰等徇通州。焚其船。克張家灣。四年正月。從

上圍永平。先是劉興祚叛歸明。與明巡撫袁崇煥同赴永平。聞我軍將至。遂趨太平寨道殺喀喇沁掌

古之以俘來獻者。

上命濟爾哈朗與阿巴泰往捕。追及于山海關。斬興祚。擒其弟興賢。以獻。大軍既克永平。

命與貝勒薩哈璘統兵萬人鎮守。察倉庫。閱士卒。置官吏。降明道員白養粹。廢員孟喬芳楊文魁等。以書招永平屬州縣。于是灤州州同張文秀遷安縣知縣朱雲台。副將王維城。叅將馬光遠。守備李繼全。千戶錢奇志。相繼降。三月上旋蹕。令阿敏碩託更守永平。因趨迤西路。招降榛子鎮。乃還。五年三月。命諸貝勒直言時政。濟爾哈朗奏曰。比者讞獄滋怨。皆由諸臣。自今當選賢良。慎司刑憲。七月。初設六部。命掌刑部事。八月。從上圍明大淩河城。鑲藍旗兵圍西南。濟爾哈朗軍爲策應。旋同大貝勒代善等克近城臺堡。十一月。明

總兵祖大壽以城降將旋師同貝勒多鐸往塔
山東沿海截監俘百餘人六年五月從
上征察哈爾林丹汗遁大軍次穆嚕哈喇克沁濟爾哈
朗與岳託等率右翼兵趨歸化城收察哈爾部
衆千餘七年三月奉
命築岫巖城五月明將孔有德耿仲明自登州航海來
降濟爾哈朗等迎護其衆事具英親王傳六月
詔問征明及朝鮮察哈爾三者何先奏言朝鮮不遵約

當反其貢物。姑與互市。不必往征。明乃吾敵國。宜取其近京數城。久駐伺隙。别屯兵山海以東。錦州以西。擾其耕穫。使不得休息。復分兵半于山海關前立營。半繞入關後。內外夾攻。敵必綑。八年五月。

上復親征察哈爾。濟爾哈朗留守。

盛京。崇德元年四月。晉封和碩鄭親王。十二月。

上征朝鮮。復留守。三年十月。率兵征明寧遠。薄中後所城。明兵懼。不敢出。乃移師克模龍關及五里堡屯臺。四年五月。征明錦州及松山。與敵遇。九戰九敗之。俘二千有奇。五年三月。葺義州城。

上親臨閱。有舊附明之蒙古多羅特部蘇班岱阿巴爾岱居杏山西五里臺。遣託克託內。顏請率三十戶來歸。

上命王與多鐸。郡王阿達禮。率師千五百往迎。瀕行。

諭曰。敵見我兵寡。必來拒戰。可分兵爲前後。中。三隊。前

隊拒戰後隊應援遂奉

命行夜過錦州城南至杏山令來使潛告蘇班岱等擕戶口輜重行旦明杏山總兵劉周智沿城結營與錦州松山守將分翼列陣逼我軍王令駐軍待敵呼噪而來王督戰衝入敵陣與諸王貝勒並進大敗之追奔至城下斬其副將楊倫周奈將李得位復遣兵破敵兩營于城南獻所獲馬檄于

御營分賚有差加
賜御廄良馬一九月同武英郡王阿濟格等圍錦州城中兵屢出犯王設伏城南俟敵敵知有伏即遁追斬六十餘人又遣輔國將軍務達海佇明運糧兵于杏山塔山間六年三月復圍錦州繞城立營八掘壕築塹爲久困計時大壽在城中以蒙古兵守外郭蒙古台吉諾木齊吳巴什等欲降縋二人齎書下約獻東關至期爲大壽覺而

闞聲聞郛外。大軍薄城。蒙古兵縋以上。我師與蒙古合擊明兵。明兵敗入內城。遂據其郛。遷郛內蒙古六千餘口于義州。並收降明都司守備以下八十六員。使馳奏。

上命八門擊鼓。集衆官宣捷于

篤恭殿。四月。明援兵自杏山移松山。王令右翼兵伏錦州南山西岡。左翼兵伏松山北嶺。遣前鋒軍挑戰。敵至。伏起夾擊。大敗之。五月。明援兵上萬屯松山北岡擊斬二千人。六月睿郡王多爾衮等至錦州更代。兩軍合營聞明兵自松山趨海口我左翼兵由東。右翼兵由西擊卻敵衆。追至松山城。獲馬五十餘。振旅還。八月明總督洪承疇率兵十三萬至松山。

上親統大軍臨之。

命留守。九月。

上將旋蹕。仍赴錦州更代圍城。十二月。敗承疇夜犯正

紅正黄兩旗營兵敵從杏山宵遁者復爲我伏
兵所殲七年二月肅郡王豪格等克松山城擒
承疇王仍圍錦州三月大壽遣人乞降請盟誓
王留其使二人遣一人傳諭曰我圍困此城旦夕
可取何與爾盟誓欲降則降非相强也大壽乃
率衆敂營降四月移師塔山克之進圍杏山以
礮毁城城中懼開門降乃籍俘數以奏奉
命毁松山塔山杏山三城而還七月敘功

賜鞍馬一。蟒緞百。八年八月。

世祖章皇帝嗣位。王與睿親王多爾衮。同輔政。九月征

明寧遠。拔中後所城。斬遊擊吳良弼。都司王國

安等。進攻前屯衛。斬總兵李輔明袁尚仁。中前

所總兵黄色。棄城遁。取之。遂班師。順治元年正

月。王集内三院六部諸大臣。諭以政事先白睿

親王。書銜名亦先之。五月。睿親王入山海關。擊

走流賊李自成。九月。王扈

駕至京師。十月。上御皇極門。封信義輔政叔王。賜金千兩。銀萬兩。緞千疋。四年二月。以造第踰制擅用銅獅。銅龜。銅鶴。罰鍰罷輔政。五年三月。貝子屯齊等訐王在盛京時不舉發兩黃旗大臣謀立肅親王私議及扈駕入關。擅令兩藍旗越次立營前行等事。降多羅郡王。

閏四月復爵和碩鄭親王九月
命爲定遠大將軍征湖廣十月道出山東剿曹縣土賊
擒獲賊首李化鯨李名讓張學允等得降鎮劉
澤清逆書煽亂狀以
聞叛黨並伏誅六年正月由安陸府渡江抵長沙時明
桂王朱由榔之總督何騰蛟及附由榔之總兵
馬進忠王進才杜允熙陶養用胡一青糾流賊
餘黨一隻虎等據湖南府縣王令順承郡王勒

克德渾都統阿濟格尼堪爲前哨。大軍繼進抵湘潭。生擒騰蛟。拔其城。四月分兵趨永興。擊走允熙。遂至辰州。一隻虎聞風遁。令尚書阿哈尼堪等擊進才于寶慶。克其城。又連破南山坡大水紅江諸路兵凡二十八營。寶慶平。七月分兵定靖州。進衡州。斬養用。破一青七營于城南山。追勦至廣西全州。分兵定道州黎平府及烏撒土司。先後收六十餘城。七年正月凱旋。敘功

賜金二百兩銀二萬兩八年二月同巽親王滿達海端
重親王博洛敬謹親王尼堪奏削故睿親王封
爵事詳睿忠親王傳三月
上以王年老一切朝賀謝恩悉免行禮九年二月晉封
叔和碩鄭親王十二年二月疏言
太祖高皇帝開創初日與四大貝勒五大臣及衆台吉
等討論政務得失咨訪兵民疾苦使上下交孚
鮮壅蔽故能上合

天心下洽民志帰靖羣雄肇興大業

太宗文皇帝纘承大統紹述前猷亦時與諸王貝勒大

臣講論不輟且崇獎忠直鼓勵英傑錄微功棄

小過凡下詔令必先講求可以順民心垂久遠

者然後施行又慮武備廢弛不忘騎射時

駕出射獵諸王貝勒置酒讌會以優爲樂

太宗皇帝還自獵所克勤郡王岳託以聞

太祖皇帝勃然怒曰我國肇興治弓矢繕甲兵視將士

若赤子故人爭効死每戰必克以成大業朕嘗恐後世子孫棄我國淳厚之風沿習漢俗卽于慆淫今汝等爲此荒樂欲國家興隆其可得乎遣大臣索尼再三宣

諭令

皇上詔大小臣工盡言無隱誠欲立綱陳紀綿國祚於無疆也臣以爲平治天下莫要于信詔令順民心前降

諭軫恤滿洲官兵疾苦聞者無不懽忭嗣又令修

乾清宮詔令不信何以使軍民服從伏祈效法

太祖

太宗不時與內外大臣詳究政務得失凡事必豫商搉

然後頒之

詔令見諸施行庶幾法行令信可以紹

二聖之休烈矣抑臣更有請者垂休典謨廣昭令德莫

要于立史官古聖帝明王進君子遠小人順天

心合民志措天下于太平垂鴻名于萬世良于

史臣有賴今宜倣古制特設

起居注官置之左右凡

聖主嘉言懿行一一記載于以垂萬世傳無窮亦治道

之一助

上嘉納之三月同貝勒尚善等議吏科副理事官彭長

庚正白旗一等子許爾安請復睿親王舊封妄

頌功勛結黨煽亂應立斬

上命從寬流徙。又議廣東布政使胡章誣奏平南王尚可喜靖南王耿繼茂縱兵占官廨等事。與誣告凡人不同。應立絞。

上命褫職免罪。五月。王疾劇。

駕臨問。王奏臣受

三朝厚恩。未能仰答。不勝感痛。惟願以取雲貴滅桂王爲念。且滿洲甚少。而能破流賊。取京都。應加撫恤。

上垂涕曰天何不令朕叔長年耶。言已大慟。

駕旋。

命工圖其像。翼日薨。年五十有七。

詔輟朝七日。

賜祭葬銀萬兩置守園十戶。立碑紀功。康熙十年六月

追諡曰獻。乾隆十九年九月。入祀

盛京賢王祠。四十三年正月

上追念鄭親王忠勳。

命配享
太廟其現襲之簡親王復始封號曰鄭
初次襲濟度鄭獻親王濟爾哈朗第二子順治
八年閏二月封其兄富爾敦爲鄭親王世子濟
度爲多羅簡郡王四月富爾敦卒九月濟度封
世子九年十月
命議政十一年十二月以海賊鄭成功擾福建授定遠
大將軍同貝子務達海都統噶達渾勳之十二

年九月師入閩境聞泉州賊遁駐福州久之乃進駐泉州十三年六月投誠僞總兵黄梧副將蘇明鄭純等自海澄縣遣迎大兵僞官八十餘人兵一千七百有奇俱降王自泉州移駐漳州俄聞成功犯福州遣副都統覺羅阿克善叅領巴圖魯褚庫護軍叅領伊巴格圖赴援遇賊高齊陸路敗之斬二百餘級將抵福州賊船二百餘泊烏龍江阿克善等水陸並進卻賊衆追至

大漳河口陣斬僞總兵林祖蘭等獲船十有四。時惠安閩安漳浦頻告警分遣護軍統領覺羅雅布蘭副都統阿玉錫等往勦斬賊二千餘獲船數百先後降僞總兵一副將五叅將遊擊以下五十人兵三千有奇十四年三月還京。

上遣議政大臣哈什屯等迎之盧溝橋令先赴鄭親王喪所。

上親臨其第慰之五月襲封和碩親王仍其郡王之號

日簡十七年七月薨年二十有八康熙十年六月追謚曰純

二次襲德塞簡純親王濟度第三子順治十八年二月襲封和碩簡親王康熙九年三月薨年十有九謚曰惠

三次襲喇布簡純親王濟度第二子康熙七年正月封三等輔國將軍九年九月襲封和碩簡親王十三年九月以逆藩吳三桂耿精忠黨分

擾江西。
命爲揚威大將軍。鎭江寧。十四年九月。
詔移江西。十二月。遣兵斬賊朱三於東鄉縣。十五年二月。遣兵敗賊王用等于鄱陽縣之沙蘭粟嶺。五月。奏招撫南康。吉安。饒州僞官四百五十餘兵萬五千有奇。七月。奏僞都督楊益茂據金谿縣破其木寨。斬三千餘級。復金谿。十月。遣兵赴萬年縣。勦賊楊彪。萬勝。破賊于五都馮家山。十二

月。奏故平南王尚可喜子之信在廣州乞降。以所齎密疏上陳。先是三桂賊將高大傑韓大任等陷吉安。王奏調綠旗兵會勦。又請
勅總督運紅衣礮十具攻吉安。並從之。
諭戒以勿坐守觀望。因奏省會緊要。不可輕離。至是將軍額楚等擊賊螺子山。失利。
上命侍郎班迪等赴吉安。察狀還奏
諭。令戴罪圖功。王乃親圍吉安。十六年三月。賊夜出南

門逸王入城駐六月奏招撫江西各屬僞官千九百餘兵三萬七千四百有奇又疏言韓大任等屯寧都樂安諸處調兵三路進勦韓大任願降請爲入告

詔報可既而大任自寧都出擾萬安泰和等縣王請調兵禦勦

上曰簡親王喇布自到江西並未建尺寸之功宴坐會城虛糜糧餉迫赴吉安以重兵圍城逆賊韓大任奔

逸不能擊滅致竊據寧都雖遣副都統布舒庫等率兵前往究未大創賊衆令韓大任自寧都竄突延及萬安泰和諸處不能撲勦又以兵少具奏計喇布所轄滿漢官兵爲數不少一韓大任未能翦除任其出入宜即嚴加處分念現在與賊相持姑俟事平日議罪十七年正月護軍統領哈克三等敗大任于老虎洞燬其營斬六十餘級大任奔福建赴康親王傑書軍前降二月

詔移師湖南駐茶陵八月奏三桂死于衡州

詔師進十八年正月抵衡州賊帥吳國貴夏國相等宵遁復其城二月分兵復祁陽耒陽等縣及寶慶府降偽總兵卓英董世興偽副總兵周嘉貞等又偽將軍全鉞偽總兵馬隆興熊天章曾大捷姜繼尚偽侍郎范思徵等相繼降六月疏言隨征之烏拉寧古塔兵千二百餘人應遵

旨撤還但新寧諸處賊未平請暫留勦從之八月疏言

旨[illegible][illegible]將軍穆占復新寧安親王岳樂克武岡賊竄遁
臣駐東安遣烏拉寧古塔兵還京令穆占駐新
寧
上嚴責其不追勦賊于沅州靖州九月奏僞副將張朝
貴以下七十餘人降
詔進定廣西尋駐桂林十九年正月奏昭義將軍馬承廕
[illegible][illegible][illegible]標下糧匱兵譟擾餉給乃定又言馬承廕奉
旨設五營會勦雲貴今請自募兵足七千數增立援勦

二營

上以將軍標無七營例不允三月疏言臣遵
旨率兵往柳州至永福縣聞馬承廕叛即欲進勦因兵
單暫還桂林五月疏言大兵分路進勦總督金
光祖破賊武宣復縣城將軍莽依圖破賊陶登
定象州臣由雒容進柳州馬承廕率衆降八月
詔移駐南寧十月奏僞將軍饒一龍以慶遠府城降是
月

詔選所部兵付大將軍賴塔進定雲南二十年八月奉
詔攜柳州南寧閒駐兵還京十月薨年二十有八二十
一年追論吉安諸處失機罪削爵
四次襲雅布簡純親王濟度第五子初封三等
輔國將軍康熙二十二年三月襲封和碩簡親
王二十七年七月以噶爾丹擾喀爾喀
命同安親王岳樂各率兵五百赴蘇尼特汛界駐防十
月撤還二十九年七月噶爾丹深入烏珠穆沁

地。

命裕親王福全爲撫遠大將軍，出古北口；恭親王常寧爲安北大將軍，王與信郡王鄂扎副之，出喜峯口。既而停喜峯口出師。

命赴裕親王軍參贊軍務。八月，敗噶爾丹于烏蘭布通。噶爾丹乞宥罪，旋由大磧山遁。師旋，議不追勦罪，削爵。得

旨從寬罰俸三年。三十五年二月，從

上親征由中路抵克嚕倫河聞噶爾丹敗竄乃還三十八年十二月掌宗人府事四十年九月薨年四十有四謚曰修

五次襲雅爾江阿簡修親王雅布第一子康熙三十六年十二月封世子三十九年四月

命直郡王允禔濬永定河雅爾江阿與信郡王岳希貝勒延壽分董其事四十一年正月襲封和碩簡親王四十九年正月掌宗人府事雍正元年正

月充。

玉牒館總裁。三年十月告成。

賜銀幣。尋因編載遺漏及辦事屢誤停俸撤六佐領歸

公。四年二月奏請再行酌撤佐領。

恩免停俸。

諭責其人甚卑鄙終日沉醉諸事漫不經心下所司議

處削爵。

六次襲神保住簡修親王雅布第十四子康熙

五十五年四月封三等奉國將軍雍正四年三月襲封和碩簡親王乾隆十三年九月

諭曰神保住自襲爵以來不知自愛恣意妄爲致兩目成眚因辭食王俸朕加恩賞給半俸贍其度日之資伊竟不知感恩守分且罔顧近派族人稍加周恤今據宗人府劾奏神保住凌虐伊兄忠保之女其行事更出情理之外著革去王爵另行請旨承襲

七次襲。德沛。鄭獻親王濟爾哈朗從曾孫。初王
弟追封多羅貝勒芬古。生傅喇塔。封固山貝子。
生福存。襲固山貝子。德沛。福存第八子也。雍正
十三年五月。封三等鎮國將軍。八月。授兵部左
侍郎。乾隆元年七月。任古北口提督。二年二月
授甘肅巡撫。六月。疏言備荒期于先籌賑恤貴
乎實惠。向遇歉歲。州縣必俟詳允後動支倉庫
錢糧。上司又必委驗核减。文移輾轉。至開倉散

賑時。而饑民已待哺不得。攜老幼轉徙矣。且倉廒大率在城。近者尚可匍匐支領。遠者每以跋涉甘餒。是徒費

國家倉貯。而饑民沾恩未遍。甘省地處萬山。風多雨少。歲常歉薄。民鮮蓋藏。且地方遼闊。倍他省州縣所轄。由百里至四五百里不等。開賑時已覺迢遥。領賑尤多狼狽。雖筋力壯盛者。亦不能數百里往返。領一日口糧。况孤寡殘弱哉。今歲雨

天賜時若。可望有秋。但有備無患。不得不預爲綢繆。臣思散賑貴多設廠而專其責于州縣。請預勘各州縣地方。就鄉村連絡處。分擇公廨廟宇十餘處。造具地名冊籍。遇散賑時。該州縣具詳日。即將倉糧散給。務使老少均沾。強弱普被。既無拮据之艱。且免守候之累。則向苦流離之人。皆得就食。但運糧脚價費多。甘省每歲于青黃不接時。令各州縣平糶倉糧。秋收買補。或遇豐年除還正項價餘亦即買糧存貯此向例也嗣後賑恤運價應將此項糧價餘銀貯州縣庫停其買糧以爲運費如不敷先于州縣庫不拘何項動支再于司庫舊存公用銀十八萬內還項賑畢造冊核銷如有揑冒立即叅賠如此則官易爲理而民沾實惠矣奉

旨先事預防原當如此但運脚一項應用時咨部請

示九月擢湖廣總督三年四月疏陳苗疆七事一

苗民懶不習田。請于新闢苗疆。代買牛種器具。令地方官親勸開墾。一。苗民未覩禮讓。請立義館。以附近生員教誨。一。苗居山叢林密。令官弁誘買樹木。數年後山中無險可恃。一。苗寨係茅屋。畏火攻。請製火器。一。苗疆兵駐處。偶有急需無項可支。請于苗疆州縣庫存銀千兩。同知通判駐所亦請交貯帑銀千兩。并建常平倉買貯穀二三千石。庶儲蓄有備。一。邊地緊要。官兵勢難分佈查山東沿海及滇黔蜀粵俱有團練鄉勇之事應令地方官力行此法一團有警各團救護立練總什長相統率一苗民貪賄忘親凡犯罪逃匿之案請懸立賞格有能擒獻重犯者賞銀廿兩情罪稍輕者賞銀八兩先刋石曉諭時廷議水田未便勸墾苗人不可欺誘至要犯懸購臨時酌賞餘俱如所請行十二月攝襄陽鎮總兵四年七月調閩浙總督八月疏言泉州

府晉江縣之衙口鄉。大姓肆橫。械鬬等事不一而足。祗緣僻處海濱。不解法度。查永寧舊寨地勢高敞。去衙口陸行十餘里。由海徑渡七八里即可直達。且衙口原係陸路提標右營汛地。應請即以該遊擊帶兵二百三十名。移駐永寧。其衙口後身空公庵。設把總一員兵五十名。海邊石亭。設一汛。撥兵十名稽查。又西倉處各大姓適中地。查興化同知止司盜逃防海。請以該管

事務歸併興化通判卽以該同知改隸泉州移

駐西倉議如所請行五年十二月

諭廷臣曰德沛屢任封疆操守廉潔旣一介不取而

因公犒賞之處又復繁多所得養廉不能敷用以

致京中逋負不能淸還且棄舊有之產朕心深爲

軫念此等淸官應格外加恩以風有位著將福建

藩庫銀就近賞給一萬兩示朕嘉獎之意六年正

月

命稽查滸墅北新兩關七月兼署浙江巡撫七年四月調兩江總督八月疏言揚州猝被水廬舍蕩然現自揚州至寶應堤埂高阜災民斷續搭蓬居住將來興化泰州之無處容身者勢必移來人烟雜沓俱係待賑窮民奸良莫辨臣于揚州城廂及高郵寶應令遊擊等水巡以期奸匪遁跡奏

旨好應如是辦理然只宜行之以暫而不可久勉而

上諭嗣後該州縣當秋成時穀價高昂不能買補而該處存倉穀石尚可接濟者照例詳請展限于次年買補倘穀價既屬不敷而貯倉穀石又係不足者准其詳明上司以别州縣穀價之贏餘添補採買爲酌盈劑虛挹彼注兹之計至是德沛奏言江南地廣人稠穀不敷食歷係取資江廣及上江椶陽運漕等處邇聞各處米價俱昂轉販者少如以别州縣贏餘添補則江蘇所屬買補止有

不足並無贏餘若因籌補無項致通省倉貯全虛目前無以濟用日後何賴臣請俟秋成後各屬有糶價存庫者不拘本境鄰封擇時價稍平者即爲代買其不敷之價應照前撫臣徐士林所請于捐監項下補足至淮揚徐海等州縣現在被災印官賑務殷繁不能兼顧已飭藩司動支司庫銀十萬兩遴員採買俟飭提各屬糶價歸還原欵奉

旨好著照所議行八年二月
召來京六月授吏部右侍郎十二月兼管國子監祭
酒事務十年七月教習庶吉士十一年五月奉
上諭侍郎德沛因伊度日艱難指伊弟簡親王現食
奉祿奏請借支十年以完舊逋以資生計著照所
請行閏三月轉吏部左侍郎十二年三月兼署戶
部左侍郎五月署山西巡撫九月
命尚書房行走十二月擢吏部尚書十三年七月以

疾解任九月。

諭曰神保住已獲罪革爵德沛于此王爵旣有承襲之分且在等輩中較爲厚重可卽令承襲王爵德沛襲王之後宜追念從前諸王將族中應行資助之人加意周恤共相和睦以期仰沐朕恩于無旣是月襲封和碩簡親王十七年六月薨年六十有五謚曰儀。

凡次襲奇通阿鄭獻親王濟爾哈朗曾孫初王

第四子追封輔國公巴爾堪生巴賽襲輔國公奇通阿巴賽第十子也雍正四年八月封二等輔國將軍九月授頭等侍衛九年十二月襲爵輔國公十年三月授散秩大臣乾隆元年四月任正紅旗滿洲都統三年十二月授領侍衛內大臣十七年十月襲封和碩簡親王二十年六月掌宗人府事二十二年正月充玉牒館總裁二十八年六月薨年六十有三謚曰勤

九次襲豐訥亨簡勤親王奇通阿第一子乾隆八年二月封三等輔國將軍二十三年七月以三等侍衛班領奉
命率健鋭營兵一千剿準噶爾餘孽及回部十一月至阿克蘇城十二月隨叅贊大臣舒赫德進師巴爾楚克二十四年正月至呼爾璊逆回霍集占引賊五千餘來犯豐訥亨同侍衛豐安等合諸軍擊卻之追潰衆十餘里翼日再進賊據塹

拒。復奪塹。所乘馬創。易馬進。賊退避。夜率兵取水于沁達勒河。連敗賊衆于渡口。遂進援大軍之與賊相持于葉爾羌者。敗賊于葉爾羌河岸。大軍聞鎗礮聲。突圍出。合擊賊衆。卻之。乃還阿克蘇。

詔嘉其臨陣奮勇。遷二等侍衛。尋擢鑲白旗滿洲副都統。十月。以經理臺站至額格爾呼爾璘。遇結寨出掠之布嚕特賊衆。斬二十餘級。得旨獎敘。二十五年三月。頒賚緞十二。銀五百兩。四月。調阿克蘇兵赴伊犁。爲領隊大臣。九月。率兵百人捕竊馬臺站之瑪哈沁賊衆。過察爾圖嶺。窮追十餘日。擒七十餘人。獲馬五十，餘復得

旨獎敘。二十七年二月。同領隊大臣伊勒圖驅越境遊牧之哈薩克部衆。擒其魁五人。收其馬二千餘至伊犁

詔以哈薩克歸附日淺未知內地法度宥其罪。
諭獎豐訥亨熟悉情形令傳
旨曉諭哈薩克釋還其人及馬閏五月彙敘出征以
來得三等功牌一頭等功牌四予雲騎尉世職。
十二月還京。
賜雙眼孔雀翎遷護軍統領管健鋭營事二十八年
十月襲封和碩簡親王尋授領侍衛內大臣初
簡勤親王原襲之輔國公及豐訥亨之雲騎尉

世職。因已襲親王。銷除。三十年六月。

諭嘉豐訥亨頻年出征。頗著勞績。其先世功勳所遺

公爵。宜仍予襲。遂以豐訥亨之弟經訥亨襲。互

詳武襄輔國公傳。三十四年正月。任正黃旗漢

軍都統。三十八年十月。掌宗人府事。四十年十

二月。薨。年五十有三。謚曰恪。

十次襲。積哈納。簡恪親王豐訥亨第二子。乾隆

四十年四月。授頭等侍衛。四十一年五月。襲封

和碩簡親王。尋授散秩大臣。四十三年正月。

命復鄭獻親王始封之號。仍爲鄭親王。四十九年五

月薨。年二十有七。謚曰恭。子年未及歲。現未議

襲。

欽定宗室王公功績表傳卷六

欽定宗室王公功績表傳卷七

傳五 親王

和碩敬謹親王尼堪傳

尼堪。

太祖高皇帝孫。原封廣略貝勒褚英第三子。初征多羅特。棟夔諸部。有功天聰九年五月。大兵征明山西。隨貝勒多鐸。率偏師入寧錦界。牽制明西援兵。崇德元年。封固山貝子。十二月。

上征朝鮮李倧遁。尼堪隨豫親王多鐸。追至南漢山城。圍之。朝鮮將來援。爲我軍所殲。又擊敗其副將援兵。二年。正月。倧降。師還。四月。預議政。四年二月。

上征明。隨武英郡王阿濟格等率四旗兵環守塔山。連山。七年九月。代公博和託等駐守錦州。順治元年。四月。隨睿親王多爾袞。入山海關敗流賊李自成。五月。隨武英郡王追擊流賊于望都。十月。

晉封多羅貝勒。十二月。隨豫親王率師自孟津至陝州。大破賊衆。二年正月。至潼關。賊將劉方亮犯我營。尼堪同護軍統領圖賴。夾擊之。獲馬三百餘。賊又以騎兵橫衝我師。同貝子尚善擊敗之。三月。趨歸德。定河南。

諭嘉王貝勒等勤勞日久。

賜尼堪弓一。五月。隨豫親王克明南京。追縛福王朱由崧於蕪湖。又攻克江陰。十月。凱旋。

賜金二百兩銀萬五千兩鞍一馬五三年三月隨肅親
王豪格西征尼堪抵西安由棧道進發賊渠賀
珍自鷄頭關迎拒敗之抵漢中疾躡其營賊潰
走西鄉追擊於楚湖至漢陰賊二隻虎奔四川
孫守法奔岳科寨十一月入蜀張獻忠伏誅與
貝子滿達海分兵勦遵義夔州茂州榮昌隆昌
富順內江資陽擒斬僞王及官弁等二千三百
有奇俘獲無算川寇平互見肅武親王傳五年

正月師旋八月同英親王阿濟格勦平天津土

寇九月晉封多羅郡王加號敬謹六年正月

命爲定西大將軍討大同叛鎭姜瓖三月奏都統阿賴

等屢挫賊衆敗僞巡撫姜輝兵僞參將羅英壇

率所部降是月睿親王多爾袞赴大同招撫瓖

承

制晉尼堪爲親王四月圍大同八月僞總兵楊振威等

斬瓖及其兄琳弟有光降七年二月

命理六部事。八月。以徇隱尚書阿哈尼堪。不親往迎朝鮮王弟事。降郡王。八年正月。晉封和碩敬謹親王。二月。同諸王奏削故睿親王封爵。三月。以英親王私藏兵器事。隱不奏。降郡王。尋

命諸王分管六部。王掌禮部。五月。復封親王。九年六月。掌宗人府事。時獻忠餘孽孫可望。李定國等皆受明桂王朱由榔。封爵。分犯湖南。貴州。七月。

命爲定遠大將軍。征之。濵行。

賜御服佩刀鞍馬。

上親送至南苑。八月。定國陷桂林。

敕王毋往貴州。取湖南寶慶後入廣西剿賊。十一月抵湘潭。由榔將馬進忠遁。我師進擊于衡山縣。敗其兵千八百。是夜兼程趨衡州。詰旦大兵方列陣。定國兵四萬餘猝至。王遣首隊進擊。大破之。逐北二十餘里。獲象四馬八百有奇。方進擊時。林中賊伏發。城內賊出應之。師欲退。王曰。我兵凡臨陣無退者我爲宗室不斬除逆寇何面目歸乎遂奮勇直入賊環圍之王率諸將士縱橫衝擊矢盡拔刀力戰没于陣年四十有三十年十月喪還輟朝三日

命親王以下郊迎諡曰莊十六年十月追論王分取睿親王所遺財物掌禮部時不叅劾尚書譚泰罪削爵

詔王以宗室陣亡仍留王爵

初次襲。尼思哈。敬謹莊親王尼堪第二子。順治十年十二月。襲封和碩敬謹親王。十七年十一月薨。年十歲。謚曰悼。

二次襲。蘭布。敬謹莊親王尼堪第一子。順治十三年正月。封三等輔國將軍。十八年六月。降襲多羅貝勒。康熙六年二月。

諭宗人府曰。尼堪以親王陣亡。殊屬可憫。

世祖章皇帝復嘗矜念。仍留所襲之爵。又無不准承襲

之吉蘭布著封爲郡王。仍與原號。七年八月。蘭布以父陣亡功請復得

旨。蘭布著襲封和碩親王。八年五月。議蘭布娶輔臣鰲拜孫女爲妻。詰鰲拜罪狀。狡稱不知。降鎭國公。十三年六月。隨貝勒尙善討逆藩吳三桂於湖南。十七年十月。卒於軍。年三十有七。十九年十一月。追論在岳州時退縮罪。削爵。

三次襲賴士。原襲親王蘭布第四子。康熙十八

年四月降襲輔國公三十五年正月

上親征噶爾丹賴士統兵赴歸化城駐守十一月師還

五十三年四月議賴士不安靜守分探聽消息

散布流言削爵五十四年五月赴阿爾台軍前

効力五十九年七月隨征西將軍祁里德至額

爾齊斯河擊殺賊衆議敘得頭等功牌一雍正

八年二月復封輔國公十年閏五月卒年七十

有一

四次襲富增原襲親王蘭布孫輔國公務友第六子康熙四十八年十二月封三等鎮國將軍五十三年五月襲封輔國公雍正四年二月

諭宗人府曰輔國公富增人甚不及前革退賴士公爵時因無可承襲之人始令伊承襲今賴士在軍前行走數年其子伊爾登又甚勤謹竭力行走著將富增公爵革退與伊爾登承襲

五次襲伊爾登輔國公賴士第三子雍正三年

五月。管武備院事。九月。任鑲藍旗漢軍副都統。
四年二月。遷右翼前鋒統領。是月。襲封輔國公。
六年八月。擢正黃旗蒙古都統。八年三月。攝鑲
紅旗護軍統領。十一月。復署右翼前鋒統領。乾
隆十四年四月卒。年六十有六。諡曰簡恪。
六次。襲富春。簡恪輔國公伊爾登第七子。乾隆
十四年十月。襲封奉恩輔國公。三十五年四月。
授吉林將軍。四十二年六月。調杭州將軍。十一

月。以前任吉林時。不能禁止採參。議革將軍。得
旨。富春著革去公爵。另襲。仍革職。留杭州將軍之任。
四十一年十一月。革任。
七次襲。賓寧。原襲奉恩輔國公富春第二子。乾
隆二十六年十二月。授四等侍衛。二十七年正
月。封二等奉國將軍。十一月。遷三等侍衛。三十
九年十二月。遷二等侍衛。四十年十一月。遷頭
等侍衛。四十二年十一月。襲封奉恩輔國公。四

十三年三月。

上念敬謹親王尼堪。功勛頗顯。且以力戰捐軀。晉封

賔寧爲鎮國公。世襲罔替。四十七年八月任正

紅旗蒙古副都統。十月授宗入府左宗人。四十

八年五月任鑲藍旗護軍統領。

欽定宗室王公功績表傳
卷七

和碩穎親王薩哈璘傳

薩哈璘

太祖高皇帝孫禮烈親王代善第三子初授台吉天命十年十一月察哈爾林丹汗圍科爾沁薩哈璘以精騎五千援之林丹汗遁十一年四月征喀爾喀巴林部十月征扎嚕特部俱有功是年封貝勒天聰元年五月

上征明同貝勒德格類等率護軍精騎爲前隊

上由大凌河至錦州城明兵遁薩哈璘邀殲之復同三
貝勒莽古爾泰等領偏師衛塔山糧運敗明兵
二萬大軍薄寧遠城擊明總兵滿桂斬級無算
薩哈璘以力戰被創三年十月
上征明次波羅河屯大貝勒代善莽古爾泰密請班師
上不懌薩哈璘偕貝勒岳託等力勸決進取遂由洪山
口克遵化進逼明北京十二月薩哈璘畧通州
焚其船克張家灣圍永平克香河縣復殲沙河

擊蒙古兵之出奔山海關者五百人。四年正月。克永平。同貝勒濟爾哈朗。駐守。永平人李春旺者。訛言將屠城以惑衆。梟之。招諭所屬之遷安。灤州。建昌。臺頭營。鞍山堡。皆降。事具鄭獻親王傳。三月。遣軍敗明副將張宏謨兵。四月。明兵自樂亭。撫寧。攻灤州。薩哈璘率兵援之。敗遁。三貝勒阿敏。來代。乃携所俘還。五年三月。

命諸貝勒直言時政。薩哈璘奏曰。圖治在乎用人。人主

灼知邪正則臣下爭尚名節竭力圖功惟
皇上慎簡貝勒大臣及審事官任以政務遇大征伐
上親在行間諸臣自悉遵方略若遣發宜選賢能者為
帥給符節畀事權仍限官品某以下干軍令者
許軍法從事七月初設六部
命掌禮部事是月
上征明與貝勒杜度豪格留守六年五月同濟爾哈朗
等率右翼兵略歸化城黃河諸路俘蒙古千餘

復指授歸順蒙古諸貝勒牧地申約法十月師
還七年六月

詔問征明及察哈爾朝鮮三者何先奏言當寬朝鮮拒察哈爾而專征明察哈爾雖不加兵彼如蟲食木中勢必自盡至於明我少緩一年彼守禦益固臣意視今歲秋成圖進取乘彼禾稼方熟因糧於彼爲再進計量留兵防察哈爾

上先與諸貝勒以騎往來襲擊俘獲蹈藉之再

命貝勒率精兵自一片石入山海關則彼寧錦諸州爲無用或仍從寧錦入斷北京西路度地形奪糧足之地據守勿歸乘機伺便二三年中大勳克集矣八月同貝勒阿巴泰阿濟格畧明山海關師還

上以不乘勝入內地責之八年三月同貝勒多爾袞往迎明降將尚可喜招撫廣鹿長山二島戶口三千八百有奇六月

上征明薩哈璘自喀喇鄂博攻克得勝堡殲明兵叅將李全自縊八月畧代州偵崞縣城頹夜襲拔之王東板鎮一堡居民棄城遁復敗代州騎兵百步兵三百追薄城乃率兵會

御營於大同籍俘獲數以

聞九年二月同多爾袞岳託豪格等統兵收察哈爾林丹汗子額哲途遇察哈爾汗之妻及台吉索諾木率屬來降進抵托里圖盡取額哲全部師還

岳託駐軍歸化城。薩哈璘復同多爾袞豪格畧
明山西府縣。仍由歸化城旋。事具睿忠親王傳。
先是諸貝勒大臣以遠人歸附。國勢日隆。合詞
請上
尊號。
上卻之。十二月。諸貝勒以收察哈爾全部。復請。
上仍不允。薩哈璘乃令內院大臣希福等奏曰。臣等屢
請。未蒙

俯鑒。夙夜悚惶。罔知所措。伏思

皇上不受尊號。咎在諸貝勒不能殫竭忠信。展布嘉猷。

爲久大計。今諸貝勒誓改行竭忠。輔開太平之

基。

皇上宜受尊號。

上稱善曰。薩哈璘爲朕深謀。善承

皇考開創之業。開陳及此。實獲我心。其應誓與否。爾身

任禮部。當自主之。翼日。薩哈璘集諸貝勒於朝。各書

誓詞以奏。

上以內外諸貝勒誠難固讓。而朝鮮乃通好之國。宜使告知。薩哈璘復奏諸貝勒當遣人與使臣同往。告以內外之誠。并示以各國來附。兵力强盛之實。

上嘉納之。崇德元年正月。薩哈璘有疾。

上遣希福等傳諭曰。朕欲爾病速痊。念之甚切。爾則不可强圖亟愈。即思見朕也。羣子弟中啓我所不及。助

我所遺忘整理治道惟爾是賴爾但當勤於調治以
冀病痊薩哈璘對曰蒙
皇上温旨眷顧竊冀仰荷
恩育或可得生即不幸先塡溝壑亦復何憾但當國家
大勳垂就不能盡力捐軀輾轉牀蓐爲可恨耳
希福等以其言奏
上惻然曰國家豈有專事甲兵以爲政治者疆土日
增克成大業無此明哲人何以整理乎是月

上臨視薩哈璘疾。見其羸瘠。淚下。薩哈璘悲痛流涕。五月薨。年三十有三。薩哈璘明達聰敏。通曉滿漢蒙古文義。掌部事。贊謨猷。

上深嘉之。病革。

上復親臨。及薨。不勝震悼。入哭者四。自辰至午乃還

宮。仍於庭中設

幄坐。不御飲食。輟朝三日。祭時。

上親奠。哭。追封和碩穎親王。讀冊畢。復痛哭。三奠。六月。

上御翔鳳樓。偶假寐。夢人請曰。穎親王乞賜牛一。如是者再。寤以問希福等。皆奏曰。此

皇上悼念所致。

上曰。不然。當别有故。於是希福等檢會典。凡親王薨初祭。例賜一牛。穎親王初祭。未用牛。

上命致祭如禮。康熙十年六月。追謚曰毅。乾隆十九年九月。入祀

盛京賢王祠。

初次襲。阿達禮。追封穎毅親王薩哈璘第一子。
崇德元年六月。襲封多羅郡王。三年二月。從征喀爾喀。至博碩堆。偵扎薩克圖汗遠遁。而還。五年五月。同鄭親王濟爾哈朗等。駐義州。迎來歸蒙古多羅特部于杏山西五里臺。敗明追兵。
賜御廐良馬一。六年三月。同鄭親王圍錦州。降城中蒙古台吉諾木齊吳巴什等。四月。敗明援兵于錦州南山西岡。六月。敗明松山援兵。九月。圍松山。

明兵犯我鑲黄旗、正紅旗、正黄旗營。擊敗之。斬

級千四百餘。七年二月。克松山城。俘明總督洪

承疇、巡撫邱民仰等。事俱詳鄭獻親王傳。是月。

敘功。

賜鞍馬一。蟒緞九十。尋

命管禮部事。預議政。先是。

上御篤恭殿。王以下及衆官皆立侍。九月。王請更定儀

制。

上御殿。及

賜宴。親王以下衆官等皆跪迎。

上升陛方起。

駕興亦如之。十月，貝勒阿巴泰征明薊州，同豫郡王多

鐸屯寧遠。牽制援兵。八年八月。

世祖章皇帝嗣位。以阿達禮與貝子碩託謀立睿親王。

伏誅。爵除。

和碩端重親王博洛傳

博洛。

太祖高皇帝孫。饒餘敏郡王阿巴泰第三子。天聰九年

五月。大軍由明宣府。大同。邊境。征朔州。代州。應

州。別

遣貝勒多鐸。從廣寧入寧遠。錦州界。牽制明關外兵。使

不得援山西。博洛隨征有功。崇德元年。封固山

貝子。隨父阿巴泰。征明延慶州。凱旋。預宴。二年

四月預議政三年七月任理藩院承政十月從
上征明寧遠分軍趨中後所明總兵祖大壽猝襲我後
衝潰土默特蒙古兵護軍統領哈寧阿等與相
持博洛突前奮擊敵乃卻五年五月同鄭親王
濟爾哈朗駐營義州迎來歸之蒙古多羅特部
于杏山西五里臺敗明追兵
賜良馬一尋與諸王更番圍錦州六年八月明總督洪
承疇來援敗之松山追至塔山獲其筆架山積

粟。事具英親王傳。又同貝勒羅洛渾等。設伏桑阿爾齋堡。擊敗王樸。吳三桂。七年春。松山錦州相繼。下博洛與兄輔國公博和託。暨貝子尼堪等。更番駐防錦州。順治元年四月。隨睿親王多爾袞。入山海關。破流賊李自成。十月。晉封多羅貝勒。隨豫親王多鐸。征河南。破李自成於潼關。下西安。南定江寧。豫親王分兵半以博洛領之。招撫常州。蘇州。同鎮國將軍拜音圖等趨杭州。

明兵分拒皆敗夜渡錢塘江逃我軍追至江岸駐營敵見之以爲潮且至營必没而潮連日不至敵驚爲神明潞王朱常淓遂率杭州官屬開門納欵淮王朱常淸亦自紹興渡江來歸十月

凱旋

賜金二百兩銀萬五千兩鞍馬一三年二月

命爲征南大將軍往平浙閩五月至杭州時明魯王朱以海稱監國于紹興舊將方國安等營錢塘江

東岸綿亘二百里。我軍無舟不得渡。忽江沙暴漲。水淺可涉。護軍統領圖賴等策馬徑渡。敵驚遁。博洛遣貝子屯齊等繼進。國安棄舟遁。以海走台州。斬殪無算。擒敵將武景科等。撫定紹興。六月。圍金華。七月。克之。斬明蜀王朱盛濃等。遂克衢州。浙江悉平。明唐王朱聿鍵。猶據福建。我軍分常山。江山。兩路並進。博洛偕圖賴與前鋒統領努山。護軍統領都爾德。破敵仙霞關。克蒲城。建寧。延平。聿鍵先由延平走汀州。博洛遣護軍統領阿濟格尼堪等克其城。擒聿鍵及曲陽王朱盛渡。西河王朱盛洤。松滋王朱演漢。西城王朱通簡及其官屬。敵將姜正希。引兵二萬來援。夜襲城。擊卻之。斬級萬餘。鎮國將軍漢岱等。敗敵將師福于分水關。克崇安縣。副都統卓布泰等克福州。先後二十餘捷。斬其巡撫楊廷清李暄。楊文忠。降僞國公鄭芝龍等二百九十餘

人。馬步兵十一萬有奇。撫定興化。漳州。泉州等府。十一月。朔。捷

聞。得

旨嘉奬。是月。博洛駐福州。令總兵佟養甲進征廣東。時聿鍵弟聿鐭據廣州。僞稱紹武年號。養甲旣克潮州。惠州。遂薄廣州。克其城。斬聿鐭。及其宗屬十餘人。撫定廣州。四年二月。博洛承

制。以佟養甲爲兩廣總督。自率貝子博和託。都統圖賴

等凱旋。
優賚所獲金幣人口。敘功晉封多羅郡王。加號端重。五
年十一月。同英親王阿濟格往大同偵防喀爾
喀。至則總兵姜瓖已據城叛。遂圍之。六年正月。
叛黨劉遷。陷代州。王偕郡王碩塞赴援。克其郛。
賊遁。三月。旋師大同。瓖潛期助馬得勝兩路賊
五千。由北山逼我營。自驅騎千餘出犯。王與護
軍統領鰲拜。徹爾布等分禦之。擊斬過半。北山

賊竄瓖亦閉城不敢復出是月睿親王赴大同
招撫瓖承
旨晉博洛爲親王四月
命爲定西大將軍移師討汾州叛賊五月奏清源交城
文水徐溝祁縣賊平六月奏賊犯平陽遣副都
統譚布擊敗之賊渡河遁七月賊萬餘犯絳州
遣副都統洛碩擊走之斬級二千餘又分遣諸
將剿賊孝義縣克其城屢敗賊于壽陽平遥遼

州。榆社。時英親王與敬謹親王尼堪。圍大同。親王滿達海與郡王瓦克達。剿賊朔州。寧武。有

旨令博洛酌撤閒駐兵。率還京。王疏言太原。平陽。汾州三府屬州縣。雖漸收復。然未復者尚多。恐撤兵後。賊乘虛襲據。應仍留守禦。

上是其言。令俟滿達海自朔州移師至汾州。併力勦賊。八月。大同降將楊振威。斬瓌首獻英親王軍。王與滿達海合兵攻汾州。九月。克其城。斬僞巡撫

姜建勳僞布政使劉炳業復嵐縣。永寧州。遣軍分勦餘賊于岳陽縣。絳州。孟城驛。老君廟殲之。乃班師。七年二月。

命理六部事。八月以衛隱匿書阿哈尼堪不親往迎朝鮮王弟事降郡王。八年正月晉封和碩端重親王。二月同諸王奏削故睿親王封爵。三月以英親王私藏軍器事隱不奏降郡王。尋

命諸王分管六部。王掌戶部。五月復封親王。八月

主察知尚書譚泰狂悖逞私持六部權下諸王勘問王與貝子錫翰等証其罪狀伏誅九年三月薨年四十諡曰定十四年正月王第四子塔爾納封多羅郡王三月卒年十有五諡曰敏思十六年十月追論王分取睿親王所遺財物掌戶部時不劾譚泰罪削博洛及塔爾納爵諡

初次襲齊克新原封端重定親王博洛第八子順治十二年四月襲封和碩端重親王十六年

十月。追論博洛罪。降齊克新多羅貝勒。十八年正月。薨。年十有二。謚曰懷思。爵除。

欽定宗室王公功績表傳卷七

欽定宗室王公功績表傳卷八

傳六郡王

多羅饒餘郡王阿巴泰傳

阿巴泰。

太祖高皇帝第七子。初授台吉。歲辛亥七月。同費英東安費揚古率兵千。征東海窩集部之烏爾固辰穆稜二路。俘千餘人還。天命八年四月。同台吉德格類齋桑古岳託。征扎嚕特部。渡遼河由額爾格勒行百餘里。攻其部長昂安所居。昂安携妻子從二十餘人遁。我總兵官達音布先驅追及。戰没。阿巴泰督諸將繼進。斬昂安。及其子俘其衆以還。

上行郊勞禮。隨征將士分

賜所俘。十年十一月。同三貝勒莽古爾泰貝勒濟爾哈朗等。援科爾沁。時察哈爾林丹汗。圍科爾沁之克勒珠爾根城已數日。我軍至農安塔。林丹汗夜遁。軍還。十一年九月。

太宗文皇帝即位。封阿巴泰貝勒。阿巴泰語額駙揚古利達爾漢曰。戰則我擐甲冑行。獵則我佩弓矢出。何不得爲和碩貝勒。揚古利等以奏。

上命勸其勿怨望。天聰元年五月

上親征明錦州。同貝勒杜度居守。十二月。察哈爾昂坤杜稜來歸。設宴。阿巴泰語納穆泰曰。我與小貝勒列坐。蒙古貝勒明安。巴克俱坐我上。實恥之。

納穆泰入奏。

上宣示諸貝勒。于是大貝勒代善率諸貝勒訓責之曰。德格類、濟爾哈朗、杜度、岳託、碩託早隨五大臣議政。爾不預。阿濟格、多爾袞、多鐸皆

先帝分給全旗之子。諸貝勒又先爾入八分列。爾今爲貝勒。心猶不足。欲與和碩貝勒抗。將紊紀綱耶。阿巴泰引罪。願罰。于是罰甲冑、雕鞍馬各四。素鞍馬八。二年五月。同貝勒岳託、碩託征明錦州。

敵棄城退守寧遠自十三山站以東毀墩二十
一斬守者三十人獲人畜毀錦州杏山高橋三
城師還

上出五里迎勞三年十月從
上征明由喀喇沁之波羅河屯行七日同貝勒阿濟格
率左翼軍克龍井關敗明援兵進克漢兒莊事

詳英親王傳時右翼軍克大安口
上親統師克洪山口並趨遵化十一月敗明援兵白山

海關至者。下遵化城。由薊州三河縣。趨通州。明大同總兵滿桂宣府總兵侯世祿。屯順義縣。阿巴泰同岳託擊走之。獲馬千餘駝百餘。順義知縣降。大軍駐京城北土城關之東北。明寧遠巡撫袁崇煥錦州總兵祖大壽以兵二萬來援。屯廣渠門外。阿巴泰同貝勒莽古爾泰阿濟格多爾袞多鐸豪格攻之。聞敵右伏甚衆。因約軍入隘趨右。由正路入者與避敵同。豪格趨右敗伏

兵轉戰至城壕。阿巴泰與豪格離。由正路衝潰
敵兵亦抵壕。既收軍。諸貝勒大臣議阿巴泰違
約罪。應削爵。奪所屬人員給豪格。
上曰。阿巴泰非怯懦者。特以顧其二子。致離豪格耳。朕
奈何以子故。加罪于兄。因宥之。十二月。同阿濟格等
焚通州。克張家灣。從
上至薊州。敗敵援兵。事具英親王傳。四年正月。捕斬叛
將劉興祚。於山海關。事具鄭獻親王傳。二月。

上旋蹕。以阿巴泰同濟爾哈朗。貝勒薩哈璘鎮永平。四月。明兵攻我軍駐守灤州者。擊走之。事具穎毅親王傳。五年三月。

命諸貝勒直言時政。阿巴泰奏曰。國人怨惟患不知。未有見善而不以爲善。見惡而不以爲惡者。臣無他能。謹識。

上諭。自今凡事從公斷而已。七月。初設六部。

命掌工部事。八月。從

上圍明大凌河城。正黃旗兵圍北之西。鑲黃旗兵圍北之東。阿巴泰軍其中。策應。十月。明總兵祖大壽以城降。

上議取錦州。策

命阿巴泰同貝勒德格類。多爾袞。岳託率兵四千作漢裝。偕大壽及降兵三百五十人乘夜襲錦州。二更行。礮聲不絕。錦州城中聞之。以爲大凌河圍者得脫。分路應援。我軍擊斬甚衆。會大霧。皆失隊伍。乃收軍還。七年三月。監築蘭磐城。五月。

召宴。

賜御用蟒衣一。紫貂皮八。馬一。六月。

詔問征明及朝鮮察哈爾三者何先。奏言。明之情形。

皇上既悉知之。其地利。臣等亦熟識之。襲其不備。關門

可得。

親統大軍駐關外。擇貝勒大臣分路入關。獲其人可用

者用之。消息易得。錦州無足顧慮。天時既至。可

令祖大壽入山海關與我兵會合攻取八月同
阿濟格征明畧山海關而還
訓誡之八年五月從
上征明宣府八月同阿濟格克靈邱縣及王家莊獻捷
大同城南山岡
御營九年七月
諭阿巴泰曰爾嘗自謂手疼似覺不耐勞苦不知人身
血脈勞則無滯惟圖家居佚樂身不涉郊原手不持

弓矢。忽爾行動疾疼易生。若日以騎射爲事。奚復患此。凡有統帥士卒之責者。非躬親教演。士卒孰肯事心武事。騎射之藝。精于勤而荒于嬉。不可不時加練習。爾當努力奮厲。毋偷安旦夕。斯克敵制勝。能報先帝養育之恩。爲國盡忠矣。崇德元年四月。晉封多羅饒餘貝勒。六月。同武英郡王阿濟格等征明。大捷。九月。凱還。事詳英親王傳。十二月。上親征朝鮮。令駐防噶海城。二年二月。遣兵入明義州境捉生得二人。是月。朝鮮降。上班師。阿巴泰携駐噶海兵還瀋陽。三年二月。上親征喀爾喀。以阿巴泰與禮親王代善等留守。並監築都爾鼻城。治盛京至遼河大路。九月。同睿親王多爾袞征明。四年四月。凱旋。賜馬二。銀五千兩。事俱詳睿忠親王傳。九月。同武英郡王等赴明錦州寧遠偵敵。五年六月。同睿親王等赴明義州督兵屯田有功七月同貝勒杜度率兵設伏寧遠路藏明運糧兵獲米千石九月敗明杏山松山兵時大軍更番圍錦州受代而還十二月往圍錦州六年三月以聽從睿親王離錦州城三十里駐營及遣兵還家事論削爵奪所屬戶口

詔從寛罰銀二千兩六月復攻圍錦州敗明總督洪承疇援兵十三萬於松山獲馬五百七十

上親征，殲敵數萬。九月，
駕旋。留軍合圍松山、杏山、高橋。
命阿巴泰仍與諸王更番圍錦州。七年三月，錦州降，同
鄭親王濟爾哈朗進克杏山，回駐錦州。七月，受
代還，敘功，
賜蟒緞七十。是年十月，授奉命大將軍，同內大臣圖爾
格等征明，
上親送郊外。十一月，由黃崖口入，敗明總兵白騰蛟、白

廣恩于薊州。破河間景州。趨兗州。擒明魯王朱以海。及樂陵陽信東原安邱滋陽諸王。分兵徇萊州。登州。青州。莒州。沂州。南至海州。凡攻克撫降城八十八。還略滄州。天津。三河。密雲。八年六月。由牆子嶺凱旋。

上遣鄭親王。睿親王等郊迎三十里。

賜銀萬兩。順治元年四月。敘功。晉封多羅饒餘郡王。二年正月。統兵鎮山東。剿平滿家洞土賊。時明福王朱由崧兵屯徐州東北。遣都統準塔等往剿。

撻還。三年三月薨。年五十有八。康熙元年二月。

以子岳樂晉和碩親王。贈如其爵。十年六月。追

謚曰敏。乾隆十九年九月。入祀

盛京賢王祠。

初次襲。岳樂。饒餘敏郡王阿巴泰第四子。初封

鎮國公。順治三年正月。隨肅親王豪格征四川。

誅流賊張獻忠。五年八月。隨英親王阿濟格剿

平天津土賊十一月復隨英親王駐防大同六
年九月晉封多羅貝勒八年二月襲封多羅郡
王改號曰安九年二月掌工部事十月預議政
十年七月以喀爾喀部土謝圖汗車臣汗等違
旨不還所掠巴林戶口又來索歸順同部蒙古
命爲宣威大將軍駐歸化城相機進剿尋因喀爾喀悔
罪入貢撤還十二年八月掌宗人府事十四年
十一月

諭獎性行端良。莅事敬慎。晉封和碩安親王。康熙十三

年十月。

命爲定遠平寇大將軍。赴江西剿逆藩吳三桂。耿精忠。

賊黨進鎮廣東。十二月抵南昌。

詔移師征湖南。王奏江西形勢。爲廣東咽喉。江南湖廣

要衝。今三十餘城。皆賊盤據。且吳逆造木城于

醴陵。置僞總兵十餘人。兵七萬。倮倮三千。堅守

萍鄉諸隘。若撤撫州。饒州。都昌。防兵往湖南。則

諸處復爲賊有否則兵勢單弱不能長驅且廣東諸路恐亦多阻臣欲先平江西賊無䫇顧憂然後分防險要移師湖南得

旨令速行整理江西要地旋奏遣副都統穆成額等擊走吳逆僞總兵張泰殺賊五千餘復安福縣又奏副都統雅賚等招撫康山餘賊復都昌縣十四年二月奏護軍統領桑格等陣斬僞總兵朱一典謝以泰等復上高新昌二縣三月奏將軍

希爾根前鋒統領舒恕敗賊撫州之唐埠及七里岡。四月，奏副都統珠喇禪等敗賊五桂寨、徐汊等處，并招撫冷口、南湖、西湖、強山、銅鼓營諸僞官，復餘干、東鄉二縣。王親攻建昌，耿逆僞將軍邵連登迎戰長興鄉，擊走之，復建昌府城。分兵破賊于石頭街、鸞石嶺、白水山口，遂復萬年、安仁二縣。閏五月，

諭留兵守建昌，速回南昌，居中調度。是月，奏都統霍特

敗賊新城縣副都統珠喇禪敗賊武寧縣將軍額楚敗賊弋陽縣復廣信府六月奏將軍希爾根敗賊餘干縣復饒州又敗賊碣碑舖及景德鎮復浮梁樂平二縣前鋒統領舒恕總兵許貞敗賊宜黃躡之踰崇仁及樂安三縣並復七月奏泰和龍泉永新廬陵永寧及湖廣茶陵並就撫九月奏遊擊周志新等破吳逆僞總兵桂芳等復靖安縣十一月疏言吳逆聞臣進取長沙

必固守要害非綠旗兵無以搜險非紅衣礮不能破壘乞令提督趙國祚都督陳平各率所屬隨臣進討並敕發新造西洋礮二十又奏希爾根額楚剿滅浮梁餘賊招降僞將張輔聖等復貴溪縣十二月奏耿逆僞總兵張存遣來告領兵八千屯順昌俟大兵進閩爲內應詔以簡親王喇布已自江寧移駐南昌閩事付之料理

王即進征長沙十五年二月王至萍鄉分兵四路破賊寨十二吳逆偽將軍夏國相遁收復萍鄉縣遂進薄長沙七月奏賊船集長沙城下我兵無船難破賊長沙附近林木多請先

敕撥戰艦七十濟用并令督撫委員伐材造船

詔並如所請八月

諭曰朕聞王恢復萍鄉大創逆賊直抵長沙甚為嘉悅

王其善撫百姓俾困苦得紓至脅從叛變之人原皆

朕之臣子當加意招徠十六年正月遣副都統阿進
泰等敗僞總兵解先聲及馬棚賊于瀏陽縣十
二月遣兵敗賊平江縣復其城十七年閏三月
奏遣兵追剿馬棚賊邱義伺于七家洞擒斬無
算招降僞總兵揭玉慶朱丞升等僞將軍林興
珠率僞官楊廷言等自湘潭來降九月
詔以三桂既伏冥誅賊勢漸潰宜廣示招徠速行攻剿
王請自赴岳州布置舟師調諸路大礮攻賊陸

營

上命大將軍貝勒察尼急圖岳州王仍圍攻長沙十八年正月岳州偽將軍陳珀偽總兵王度冲降于察尼軍餘賊潰竄長沙賊亦棄城遁王入城撫定遣前鋒參領沙納哈等復湘潭縣賊退據衡山縣王遣兵會簡親王敗賊衆衡州寶慶相繼復六月疏言臣所統護軍驍騎兵每佐領下十五人蒙古兵一百餘人喇布旣進取新寧臣當

率每佐領兵十一。綠旗兵一萬。與喇布相期進剿武岡東口賊。留每佐領兵各一。綠旗兵一千二百。及荆州水師二千。守衡州。留每佐領兵各一。綠旗兵一千。守寶慶。撥每佐領兵各二。協同綠旗兵。守岳州。

詔如所議行。是月。遣都統釋迦保敗賊寶慶之巖溪。斬級數百。獲船四十餘。偽總兵王熙忠。偽副將陳起鳳。偽知府金世正等降。七月。王統師抵紫陽河見賊營對岸令提督趙國祚副將尼滿偕降將林興珠渡河直前護軍統領瓦岱等繞出賊後夾擊大潰追斬二百餘級僞知縣周冠陳殿颺等降進攻武岡賊帥吳國貴胡國柱以賊二萬餘據隘口我軍奮攻殲斃國貴賊駭竄貝子彰泰追至木瓜橋殺賊無算遂復武岡州及楓木嶺八月奏捷得

旨嘉奬十一月

命以敕印付貝子彰泰。撤每佐領兵八。率還京。十九年

正月。

上遣官迎宣

諭曰。王連年以來。遠莅巖疆。親經百戰。櫛風沐雨。歷暑逾寒。奮揚貔虎之雄。克清梟獍之孽。湖湘諸處。已見蕩平。滇黔餘氛。俱成坐困。更體朕軫念窮荒之心。廣示招徠。深加撫恤。王師所至。遐邇來歸。捷奏屢宣。中外稱慶。朕既嘉碩畫。益篤親親。爰命班師。副朕懷想。

項者聞王已抵武昌奏凱可期特遣使臣慰勞兼賜駱駝良馬以示優眷王其按程而來朕將計日以待

三月凱旋

上行郊勞禮于盧溝橋南二十里王俘僞明太子朱慈燦以來先是順治元年冬有赴故明外戚周奎家自稱太子者奎白諸

朝令舊宮人及東宮官屬辨視非眞法司鞫實太監楊玉取劉姓子詐冒狀並伏誅康熙十二年

冬京師聞三桂反有自稱三太子朱慈璊者僞署廣德元年糾黨京城内外舉火作亂擒其黨于鼓樓西街及燈市口詰以朱慈璊云即楊起隆已遁矣十八年秋王駐營楓木嶺土人首擒僞軍師戴必顯無爲教姚文明因獲朱慈燦于新化縣僧寺追訊前在京城逆謀慈燦訴已係崇禎帝長子十二歲遭闖難出奔南京後未再至北京福王由崧曾寘諸獄釋爲民即往河南

隨朽木和尚爲僧流落江西、湖廣二十餘年因病還俗往來永州、寶慶欲聲討吳三桂悖逆反覆不忠、不孝、不義諸罪商之戴必顯、姚文明招兵散劄一年因三桂死中止王疏陳讞詞請

旨因言前此屢有冒明太子事朱慈燦雖云欲討吳逆招兵散劄但當大軍復寶慶時不即自首應與戴必顯、姚文明並論斬其曾受僞劄八人已示許自首續繳僞劄、銷燬免罪慈燦既自稱眞係明

嗣當械至京辦議得
旨朱慈燦等着王帶來俟到日再議至是王移送法司令與前繫獄之朱慈璘逆黨對質俱不識詰其造印散劄與戴必顯姚文明謀亂屬實皆擬凌遲如律
詔並改為處斬是年秋復有以朱慈璘之名在陝西煽誘者擒之漢中三河口大將軍圖海械送至京
敕法司勘面有刺痕實非明嗣并非楊起隆依大逆律

磔于市。二十年十二月。

命王仍掌宗人府事。二十七年七月。以噶爾丹擾喀爾喀。同簡親王雅布各率兵五百赴蘇尼特汛界駐防。十月撤還。二十八年二月薨。年六十有五。謚曰和。三十九年十二月。禮烈親王代善之曾孫原封貝勒諾尼訴岳樂康熙四年掌宗人府事。偏聽諾尼姑母讒言。枉坐諾尼不孝死罪。革爵繫獄。蒙

鑒原釋放岳樂誣陷無辜理應反坐

詔宗人府會同領侍衛內大臣察議復諾尼貝勒追降

岳樂爲郡王削其謚

二次襲瑪爾渾安郡王岳樂第十五子康熙十六年正月封世子二十九年二月襲封多羅安郡王三十五年正月大軍將征噶爾丹

命率兵往歸化城偵防四十年十月掌宗人府事四十五年卒

玉牒館總裁。四十八年十一月薨。年四十有七。謚曰愨。

三次襲華玘。安愨郡王瑪爾渾第二子。康熙四

十九年二月襲封多羅安郡王。五十八年九月

薨。年三十有五。謚曰節。雍正元年十二月

諭廷臣曰。曩時安郡王岳樂諂附輔政大臣。又自恃長

輩。每觸忤

皇考。蒙

聖德寛仁。始終容宥。而伊諸子全不知感。不務竭誠効

力弟兄之間互相傾軋競事營求妄冀得爵讒害骨肉此衆所共知者瑪爾渾係應襲王爵之人似屬安分其子華玘尚無劣蹟而其嗣夭折封爵懸虛是以
皇考審擇其人躊躇有待乃安郡王岳樂之子伍爾占孫色亨圖等遽生怨望形于辭色夫國家恩施豈可倚恃而強邀今廉親王允禩借此逞其讒說以離間
宗室舊人致朕從容施恩之本念俱不可行將襲封
安郡王之本章發回不准承襲舊所屬佐領撤出另

擬。乾隆四十三年三月。

上追念饒餘敏郡王阿巴泰。安郡王岳樂纍著功績。

賜奉恩輔國公爵世襲罔替。

四次襲。奇昆安節郡王華玘孫。追封奉恩輔國

公錫貴第二子。乾隆四十三年三月。襲封奉恩

輔國公。四月。授散秩大臣。四十七年七月。卒年

四十有四。子年未及歲。現未議襲。

多羅克勤郡王岳託傳

岳託。太祖高皇帝孫。禮烈親王代善第一子。初授台吉。天命六年二月。大兵畧明奉集堡。將旋。有小卒指明兵所在。岳託同台吉德格類等擊敗之。三月。上征拔瀋陽。大軍方追明總兵李秉誠于白塔舖。岳託後至。逐北四十里。斬三千餘人。初。喀爾喀扎嚕特貝勒昂安執我使者送葉赫被殺。八年四月。同台吉阿巴泰等討之。事詳饒餘敏郡王傳。十一年十月。復隨父大貝勒代善征扎嚕特部。有功。是年封貝勒。天聰元年正月。同二貝勒阿敏。貝勒濟爾哈朗等。征朝鮮。攻義州。定州。漢山。三城。克之。渡嘉山江。克安州。至平壤。其守者棄城遁。遂渡大同江。次中和。遣諭朝鮮王李倧降。阿敏欲直趨至其都。岳託知不可止。密與濟爾哈朗。議駐師平山城。復遣副將劉興祚。諭李倧。

倧報願歲貢方物岳託謀曰吾等事已成矣蒙古與明皆敵國或有邊事當思備宜盟而班師旣盟以告阿敏以已未與盟仍縱掠岳託曰盟旣成縱掠非義也勸之不可復令李倧弟覺與盟乃班師五月從

上征明同三貝勒莽古爾泰等率偏師衛塔山糧運又從圍寧遠並有功八月敗明兵於牛莊斬守備一千總二百總二兵二百二年五月同貝勒阿

巴泰、碩託、征明錦州、有功、事詳饒餘敏郡王傳。三年八月、略明錦州、寧遠、焚其積聚。十月、上征明、岳託同濟爾哈朗、由大安口入、旦見明兵營山上。岳託率兵半駐以待、濟爾哈朗以其半擊之。復見明兵自遵化來援者、顧謂濟爾哈朗曰、我當擊此。是日五戰皆捷。十一月、同阿巴泰敗大同總兵滿桂、宣府總兵侯世祿、于順義、薄北京。復從父代善、擊敗明援兵。十二月、同貝勒薩哈

犇等圖永平府克香河縣四年正月同貝勒豪
格還守瀋陽五年三月
命諸貝勒直言時政岳託奏曰刑罰舛謬實在臣等祈
皇上擢用直諫士近忠良絕讒佞行黜陟之典明加甄
别則諸臣咸知激勸矣七月初設六部
命掌兵部事八月
上征明大凌河城自白土場趨廣寧岳託同貝勒阿濟
格等率兵二萬别由義州進會大軍都統葉臣

率鑲紅旗兵圍城西南岳託軍爲策應十月明總兵祖大壽請降以子可法質可法見諸貝勒欲下拜岳託曰戰則爲仇敵和則爲弟兄何以拜爲命以國禮見因問爾等死守空城何意曰畏屠戮耳岳託曰遼東以久抗不降故誅之殺永平人乃貝勒阿敏所爲已論繫之矣我

皇上即位以來敦行禮義治化一新養民愛士仁心仁政爾等豈不聞之可法曰

上手貧者衣食之富者秋毫無擾寬仁愛民之德實皆聞之遂辭歸越三日大壽以城降夜襲敗錦州兵事具饒餘敏郡王傳六年正月奏言前克遼東廣寧漢人拒命者誅之後復屠永平灤州漢人縱極力撫諭人懷疑懼今天與我以大凌河漢人正使天下知我善養人也臣愚以爲善撫此衆歸順者必多當先予以家室出公帑給其

天眷奄有其地仍給還家產彼必悅服衆官宜令諸貝勒給莊一區每牛彔取漢男婦二名牛一頭編爲屯人給二屯其出入戶耕牛之家牛彔以官值償至明兵棄鄉土窮年戍守一苦也畏我誅戮又一苦也今慕義歸降之漢兵令滿漢賢能官善爲撫恤毋致一人失所則人心歸附大業可成

上嘉納之五月同濟爾哈朗等畧察哈爾部于歸化城

俘獲以千計。九月。同貝勒德格類。拓疆。自耀州至蓋州以南。七年六月。

詔問征明及朝鮮察哈爾三者何先。奏言時不可失。山海關通州北京三路。乘時圖其一。則丕基定矣。是月。同德格類等率右翼楞額禮葉臣。左翼伊爾登昂阿喇漢軍都統石廷柱。元帥孔有德總兵耿仲明。攻明旅順口。俘獲無算。八月。奏言前蒙聖諭留一都統守旅順口。令留葉臣、伊爾登帥兩翼每旗留官三員、兵二千五百名、漢軍以遊擊佟圖賴、主之。統備禦二員、兵百名。駐守臣等自木場驛啓行。俟抵我界、貯礮車于葢州、留俘振旅。是月師還。

上宴勞于郊、以金卮酌酒

賜之。八年二月、奏定馬匹剳發擇牛彔殷實之家、酌免丁徭、責令償補。又奏減牛彔下廝養卒、得旨。惟哨長許留。餘悉罷。三月。
上大閱。岳託率滿洲蒙古等十一旗行營兵赴瀋陽城
北郊。列陣二十里許。
上駐蒲馬岡。岳託指示紀律軍容嚴肅。
上嘉獎之。五月。
上征察哈爾。
諭留守盛京諸貝勒。及將領等畢。岳託復曉于衆曰。自
隄岸以東。巨流河以西。原置十四哨。爾等酌量

布置。晝則令軍士習射。夜勿解衣。張弓。開甲囊。以備不虞。岳託隨行有疾。六月。

上臨視。

命還盛京。九年二月。同貝勒多爾袞。薩哈璘。豪格收降察哈爾林丹汗子額哲。六月。師還。諸貝勒畧明山西。岳託有疾。以兵千。留駐歸化城。會土默特部人告博碩克圖汗子俄木布。遣人偕阿嚕喀爾喀。及明使者至。將謀我。岳託伏兵邀之。俄木布乳母之夫毛罕。知之趣還伏猝起。誅毛罕。擒明使者隨命土默特捕斬阿嚕喀爾喀之謀匿馬駝者。部分土默特壯丁三千有奇爲十隊。隊以官二員主之。授條約並須于鄂爾多斯尋諸貝勒會師于歸化城岳託借還崇德元年四月。晉封和碩成親王。八月以徇庇莽古爾泰。碩託且有離間鄭親王濟爾哈朗及肅親王豪格事。論死。

特旨寬之降多羅貝勒罷兵部任十一月復
命攝部事十二月從
上征朝鮮國王李倧奔南漢山城同豫親王多鐸進圍
之敗其援于城下二年八月
命兩翼較射岳託奏不能執弓
上曰爾徐引射之不射如他王貝勒等何
諭再三始引弓弓墮地者五遂擲之諸王等論岳託驕
慢當死

上復寬之降固山貝子罷部任罰鍰三年正月復封多
羅貝勒管旗務二月從
上征喀爾喀至博碩堆偵知扎薩克圖汗遁而還八月
命爲揚威大將軍貝勒杜度副之統右翼兵與左翼奉
命大將軍睿親王多爾衮分道伐明九月至墻
子嶺明兵入堡外爲三寨我師攻克之獲敵卒
知堡堅且有重兵不易拔嶺東西有間道可越
於是分兵攻其前以牽敵師潛從間道踰嶺入

克臺十有一。尋以疾薨于軍。年四十有一。四年

三月。睿親王奏捷。

上覽奏無岳託名。驚問。知病卒。慟哭久之。

命勿使禮親王知。四月。喪還。

駕至沙嶺。設幄遥奠。還

御崇政殿。

命王以下及諸大臣往奠。復

命。乃回宫。輟朝三日。

詔封爲多羅克勤郡王。賜䮀二馬五。銀萬兩。葬

盛京城南五里萬柳塘。康熙二十七年十一月。

命立碑以紀其功。乾隆八年。

駕幸

盛京。

親詣王園寢

賜爵四十三年正月。

上追念王忠勳。
命配享
太廟其現襲之平郡王。復封號曰克勤。八月。入祀
盛京賢王祠。是年
駕幸
盛京。復
詣王園寢
賜爵四十八年。㚸之。

初次襲羅洛渾克勤郡王岳託第一子崇德四年九月襲封多羅貝勒管旗務五年五月同鄭親王濟爾哈朗等迎蒙古多羅特部蘇班岱等降衆敗明兵事詳鄭獻親王傳九月同鄭親王圍錦州六年三月復圍之設伏敗明援兵于南山西岡六月睿郡王多爾袞肅郡王豪格來代合擊明山海關援兵追及松山城而還八月從
上征克松山擒明總督洪承疇巡撫邱民仰等七年七

月。敍功。
賜蟒緞七十。八年正月。以怨懟非議。文
敏惠恭和元妃薨時。絲竹不輟。論罪削爵。五月。復封
多羅貝勒。仍管旗事。
上命濟爾哈朗。多爾袞。
召羅洛渾諭曰。爾父屢獲罪愆。因
皇考太祖。
皇妣太后撫養爲子。朕視之如弟。歿後猶追封克勤郡

王。并加恩於爾。命爲多羅貝勒。管旗務。爾不思率由善道。以輔國政。嗜酒作慝。致干國法。朕又追念爾父。特行寬宥。復爾多羅貝勒。仍令管旗事。爾當敬慎修身。勤思善行。若仍嗜酒妄亂。不弟爾祿位難保。即置爾于法。亦所不赦。至本旗所屬諸臣。俱宜戒酒。仍勸勉貝勒效力贖罪。羅洛渾率諸臣叩首謝罪。順治元年十月。以從定京師。破流賊有功。晉封多羅衍禧郡王。三年正月。同肅親王豪格征四川。八月。

薨于軍。年二十有四。五年正月。喪還。

命貝子屯齊等迎之。輟朝三日。康熙十年六月。追謚曰

介。

二次襲。羅科鐸。衍禧介郡王羅洛渾第一子。順

治五年閏四月。襲封多羅衍禧郡王。八年二月。

改封號曰平。十五年正月。隨信郡王多尼。征明

桂王朱由榔于雲南。破其晉王李定國。鞏昌王

白文選兵。十六年六月。

賜蟒衣弓刀鞍馬旌其勞康熙二十一年七月薨年四十有三謚曰比

三次襲訥爾圖平比郡王羅科鐸第四子康熙十八年正月封長子二十二年正月襲封多羅平郡王二十六年四月以毆斃無罪人羅米及折楊之桂菩薩保手足削爵

四次襲訥爾福平比郡王羅科鐸第六子康熙二十四年正月封固山貝子二十六年五月襲

封多羅平郡王。四十年七月薨。年三十有一。謚曰悼。

五次襲訥爾蘇平悼郡王訥爾福第一子。康熙四十年十二月襲封多羅平郡王。五十七年十一月隨撫遠大將軍允禵收西藏。尋駐博羅和碩。五十九年正月移駐古木。六十年十月攝大將軍事。六十一年十一月。復攝印如故。雍正元年正月回京。攝上駟院事。四年七月。以前在西寧軍前貪婪受賄。削爵。乾隆五年九月卒。

命仍以郡王禮葬。

六次襲。福彭。原襲平郡王訥爾蘇第一子。雍正四年七月。襲封多羅平郡王。十年正月。任鑲藍旗滿洲都統。四月奏凡外省來京襲職旗員。到日隨奏。不令久候多費。以仰副

體恤至意。從之。閏五月。授宗人府右宗正。十一年二月。

充
玉牒館總裁。四月。
命軍機處行走。七月。
命爲定邊大將軍。討逆賊噶爾丹策凌。十一月。師駐烏
里雅蘇台。十二月。奏言軍中駞馬最要。今喀爾
喀扎薩克貝勒班第等。感
恩獻駞馬。力請停賞值。伏念遠臣當軍興際。不肯私所
有。況宗室王貝勒貝子公等。皆有馬場滋生馬

匹豈不內愧于心臣家有馬五百匹願送軍前
備用並將臣奏宣示諸王貝勒貝子等臣料諸
宗臣等必以臣言為當彌切踴躍急公之義得
旨允行十二年六月奏言烏里雅蘇台扎克拜達里克
推河並應撤京城滿洲漢軍右衛寧夏察哈爾
土默特兵三千六百所有內扎薩克及烏蘭察
布兵三百七十調赴推河駐防現在烏里雅蘇
台餘兵九千不敷調遣請以洪郭爾鄂隆所調

滿洲兵六百再增撥四百速赴軍營從之是月
王率將軍傅爾丹赴科布多總統北路軍營令
內大臣薩木哈掌威遠將軍印辦理烏里雅蘇
台軍務八月
詔彙撤北路兵王率副都統王常等領兵還十三年閏
四月
命總統大兵駐鄂爾坤七月於額爾德尼昭迤北築城
尋以公慶復代還京乾隆元年二月

上以北路所存糧米。如何令蒙古兵支領。並屯穫麋米。出陳易新之處。

詔令查議。奏言蒙古兵向不給糧。臣前以坐卡兵遠臨賊境。取羊未便。曾折給一月米糧。茲蒙

皇上軫念蒙古。一視同仁。加

恩賞米。臣議將存留之喀爾喀兵。及坐卡臺站蒙古兵。撥米支給。令王大臣等又議將派駐鄂爾坤之蒙古兵給糧。在此時存米充裕。不難槩給。倘

日久米少議停轉生怨望且準噶爾鬼蜮多端將來或仍須蒙古兵移駐又豈能一例支給北地寒冷蓋藏得宜米可經三四年不壞臣愚於駐防蒙古兵酌量賞給餘請仍給羊價爲便再鄂爾坤種地兵已撤穈麥無從易新青稞大小麥較尤不耐蒸㵧應請

恩賞蒙古米糧先給此項麥石又奏言喀爾喀所牧馬除留軍營備用外各游牧處現有馬二萬九

千餘。內扎薩克各游牧處馬四萬餘。伏思鄂爾坤駐兵，以歸化城為聲援。其間距三千餘里，鞭長莫及。中途須接換有馬，往來緩急始足恃。請度適中地近臺站水草佳處，設馬廠于土默特、察哈爾兵內，擇有眷屬者移駐牧放，令歸化城都統協理。再請撥騸馬萬、兒馬二千，令臺站總管撥入官馬廠牧放備用。有事無難輕騎疾馳，馬力足而人心可恃，雖道遠無慮矣。

詔並下王大臣議行三月任正白旗滿洲都統十月調正黃旗滿洲都統三年七月預議政十三年十一月薨年四十有一謚曰敏

七次襲慶寧平敏郡王福彭第一子乾隆十四年三月襲封多羅平郡王十五年九月薨年十有九謚曰禧無嗣

八次襲慶恒原襲平郡王訥爾蘇孫貝子品級福秀第一子出爲福彭後乾隆十五年十二月

襲封多羅平郡王。十九年八月。任鑲紅旗漢軍

都統。二十六年十二月。授宗人府右宗正。尋總

理鑲紅旗覺羅學。二十七年閏五月。坐旗員冒

借官銀。降固山貝子。餘任悉罷。四十年閏十月。

復封多羅平郡王。四十三年正月。

命復克勤郡王始封之號。仍爲克勤郡王。四十四年

二月。薨。年四十有七。謚曰良。

九次襲雅朗阿。原襲平郡王訥爾圖孫。閒散宗

室訥清額第十子。乾隆十六年十月授三等侍衛。二十六年七月任鑲紅旗蒙古副都統。九月授烏里雅蘇台參贊大臣。二十七年八月調正紅旗滿洲副都統。尋授科布多參贊大臣。三十一年十二月任成都副都統。三十四年三月授荊州將軍。三十五年十月以袒護所屬驍騎校楚德降三級調用。十一月以副都統品級往庫爾喀喇烏蘇辦事。三十七年五月復以狥隱臺站屬員不法削副都統品級。在伊犁印務筆帖式行走。八月。奉旨著在庫爾喀喇烏蘇章京處辦事。十月。以副都統品級。赴塔爾巴哈台。十一月。奉旨雅朗阿辦事得制。仍留庫爾喀喇烏蘇辦事。三十八年十二月。任三姓副都統。三十九年十二月。調盛京副都統。四十年十月。調黑龍江副都統。四十

一年十二月遷綏遠城將軍四十四年四月襲
封多羅克勤郡王四十五年九月總理鑲藍旗
覺羅學尋授宗人府右宗正四十七年二月任
正白旗漢軍都統四十八年四月調鑲紅旗滿
洲都統七月調正黃旗滿洲都統

多羅謙郡王瓦克達傳

瓦克達。

太祖高皇帝孫。禮烈親王代善第四子。天聰元年五月。

上親征明寧遠。明總兵滿桂拒戰。大敗之。追至寧遠城下。瓦克達以力戰被創。崇德五年七月。隨睿親王多爾衮。圍明錦州。見敵兵出樵者。以十餘人越前鋒。統領布顏軍。擊斬之。六年八月。明總督洪承疇集兵十三萬援錦州。次松山。大軍進擊之敵騎來奪我紅衣礮尼克達同輔國公滿達海力戰卻之會天雨敵復來戰又敗之復進擊承疇三營步兵前鋒什長費雅思哈失馬尼克達與之累騎出叅領哈寧阿墜馬創甚敵圍之數重尼克達直入其陣挈以歸順治元年四月隨睿親王入山海關敗流賊李自成追勦至望都十月隨英親王阿濟格由邊外趨綏德二年五月自成遁湖廣躡追至安陸府賊衆千餘方

乘船遁。尾克達同護軍統領鰲拜。率師涉水登岸。射殪賊衆無算。獲其船以濟大軍。三年正月。敘功封三等鎮國將軍。先是崇德八年八月。因兄碩託。兄薩哈璘之子阿達禮。謀立睿親王伏誅。尾克達坐黜宗室。至是復入宗室。五月。隨豫親王多鐸。勦蘇尼特部騰機思。騰機特等大敗之圖拉河。進至布爾哈圖山。尾克達與貝子博和託。合軍斬千餘級。擒八百餘人。獲駞馬牛羊

無算又擊敗喀爾喀土謝圖汗等兵十月師旋

四年三月封鎮國公五年十一月晉封多羅郡

王十二月以喀爾喀部擾我邊界

命隨英親王阿濟格駐防大同姜瓖叛據大同附近郡

邑應之王隨英親王圍渾源州六年三月睿親

王統師拔渾源州令還京七月

命同親王滿達海勦賊朔州寧武八月以巨礮攻克朔

州城僞總兵姜之芬僞兵道孫乾高奎道王與

輔國公薩弼擊敗其還戰兵移師攻寧武關僞總兵劉偉僞兵道趙夢龍焚城西遁王追之時大同僞總兵楊振威通欵英親王軍斬瓖首以降偉夢龍等亦率僞將五十餘人兵五千四百餘降于軍平静樂縣及寧化所八角堡諸寨十月

詔滿達海還京以王代爲征西大將軍勦撫山西餘賊

七年二月疏報大兵分勦潞安平陽澤州叛黨

偽總兵申亥、郭中傑、魏閔、各率餘黨歸順。廢官

李建泰叛據太平縣。圍之二十餘日。窮蹙出降。

詔誅建泰及其兄弟子姪。籍家產入官。三月奏復平陽

府屬三十六州縣。四月班師。八年二月加封號

曰謙。三月

命諸王分管部務。王掌工部。十月預議政。九年正月以

醫人何大福出入部署。辱罵職官。招搖嚇詐。伏

誅。王坐徇縱罰鍰。解部任。四月罷議政。八月薨。

年四十有七、康熙十年六月。追謚曰襄、初王勦山西賊時。嘗駐平陽。後平陽民追思其戢軍安民。建祠以祀。榜曰多羅謙郡王廟。

初次襲。哈爾薩、謙襄郡王瓦克達第三子。順治十年閏六月。議政王等以瓦克達曾獲罪。郡王爵不應承襲。

上憐其子。留襲哈爾薩。

命食奉國將軍品級俸。康熙六年四月。哈爾薩等訴其

父軍功輔政大臣鰲拜尚書馬爾賽爲哈爾薩

姻戚議封哈爾薩鎭國公留雍鎭國將軍八年

七月留雍以巳不得與弟一例晉爵訴不平議

政王奏留雍等俱夤緣得封應革哈爾薩鎭國

公并原有之奉國將軍品級留雍應革鎭國將

軍仍食奉國將軍品級俸得

旨哈爾薩奉國將軍品級俸乃

世祖章皇帝恩給仍如舊二十一年五月哈爾薩復訴

父爵係軍功所得。例得襲。宗人府以奏。
命襲封鎮國公。并封其子海青爲輔國公。二十二年八
月。授宗人府左宗人。二十四年九月。遷右宗正。
二十五年十月。
諭責哈爾薩鑽營不安分。罷右宗正任。削鎮國公。及海
青輔國公爵。
二次襲。留雍。謙襄郡王瓦克達第二子。康熙二
十五年十月。襲封鎮國公。三十七年四月。

詔宗人府會同領侍衛内大臣察劾行走懶惰者削留
雍爵停襲乾隆四十三年三月
上追念謙襄郡王瓩克達勞績
賜一等鎮國將軍爵世襲罔替
三次襲洞福原襲鎮國公留雍曾孫初留雍第
三子原封三等輔國將軍台渾生忠端爲閑散
宗室洞福忠端第三子也乾隆四十三年三月
襲封一等鎮國將軍四十九年十月授護軍參

領。

多羅順承郡王勒克德渾傳

勒克德渾。

太祖高皇帝曾孫追封潁毅親王薩哈璘第三子兒阿達禮以謀立睿親王多爾衮。伏誅勒克德渾亦坐黜宗室順治元年十一月。

上念勒克德渾年幼未與謀。

命復入宗室。封多羅貝勒二年七月。

命為平南大將軍代豫親王多鐸。駐江寧。分兵勦撫兩浙時明魯王朱以海據浙東稱監國其大學士馬士英等率兵渡錢塘江立營擊卻之九月遣左翼副都統珠瑪喇敗士英于餘杭右翼副都統和託敗其總兵方國安於富陽兩翼合營杭州城三十里外敵來突復大敗之士英國安復渡江來窺爲副都統濟席哈等所敗溺死無算時明唐王之總督何騰蛟合流賊一隻虎等竊據湖廣州郡十一月

命同鎮國將軍輩阿代、都統葉臣征之。三年正月，大兵自江寧抵武昌，偵知叛賊總兵馬進忠、王進才、應騰蛟于長沙，遣護軍統領博爾輝等進擊賊千餘，掠臨湘，殲之。抵岳州，叛將遁，降其副將黑運昌。至石首，聞賊渡江犯荆州，遣尚書覺羅郎球等以偏師赴南岸，伺賊渡，擊之。大兵乘夜疾馳詰旦抵城下，分兩翼躪賊營，大破之，斬獲甚衆。薄暮，郎球等亦盡奪賊船歸。翌日，遣奉國將軍巴布泰等分追賊于安遠南漳喜峯山關王嶺襄陽府擊斬殆盡次彝陵流賊李自成弟孜僞磁侯田見秀僞義侯張鼐僞武陽伯李佑僞太平伯吳汝義及僞將三十九人馬步賊五千有奇詣軍前降獲馬驘牛萬二千餘捷

聞得

旨優獎七月班師十月

賜金百兩銀二千兩五年九月晉封多羅順承郡王尋

同鄭親王濟爾哈朗拔湘潭擒騰蛟事詳鄭獻親王傳移師征廣西賊渠趙廉犯全州率前鋒統領席特庫等敗之獲馬四十餘曹楨子據永安關破其營斬關入九月曹楨子復率黨萬餘寇道州又擊敗之七年正月師還賜金五十兩銀五千兩五月預議政八年三月掌刑部事九年三月薨年二十有四康熙十年六月追謚曰恭惠

初次襲勒爾錦順承恭惠郡王勒克德渾第四子順治九年八月襲封多羅順承郡王康熙十一年八月掌宗人府事十二年十二月逆藩吳三桂反

命爲寧南靖寇大將軍由湖廣進征十三年三月駐荆州時沅州常德相繼失陷賊兵自蜀道直抵巴東襄陽勢甚急遣都統鄂內馳防是月僞將劉之復率舟師犯彝陵夾江立五營遣護軍統領

額司泰等水陸並擊賊大敗遁歸宜都四月僞將陶繼智復自宜都來犯敗之七月敗僞將軍吳應麒等十四年五月賊犯均州遣都統伊里布等屢敗之斬獲無算六月僞將軍楊來嘉列陣山頂自山溝下斷我歸路我師分擊之陣斬三千餘級是月疏言逆賊逼彝陵兵衆舟多又于虎渡口運糧及火器請益戰艦以斷運道從之七月奏僞將軍張以誠王會等連來嘉犯南

漳遣伊里布期總督蔡毓榮分擊之八月疏言賊立壘掘塹騎兵不能衝突須簡綠旗步兵造輕箭簾車礮車駕以連進塡其壕用礮轟擊繼以滿兵則逆賊可滅

上如所請十月復興山縣十二月疏請益禁旅

上以遷延時日責之十五年三月統兵自荆州渡江遣前鋒叅領卦爾察敗賊文村又敗之石首尋以擊賊太平街失利退荆州具疏請罪

上復切責之。九月。奏副都統塞格勦賊鄖西。復其縣。十七年十一月。奏先後投誠偽官。及房縣來歸之偽總兵何以敬等。雖授劄。示鼓舞。而止食兵糧。生計難給。

上以何以敬等慕化來歸。悉予半俸。十八年正月。疏言新增兵萬二千。請設隨征前後左右四營總兵官分轄。從之。是月。渡江。分路勦松滋。枝江宜都及澧州。以次復。守百里洲偽將軍洪福率舟師降。二月。進取常德。賊先期焚廬舍舟艦遁。僞按察使陳寶鑰等迎降。又招撫僞巡撫李益陽知縣張文明。總兵黃志功。副將楊達武等。又遣遊擊許嘉讓。兵至青石渡。賊首潘龍等迎敵。我兵左右夾擊。追至平峪舖。斬及落崖死者無算。復衡山縣。進攻歸州。敗賊廖進忠于馬黄山。賊向巴東。遁。追至西壤。大敗之。復歸州。巴東。十九年二月。

命進取重慶。壽奏留將軍噶爾漢之兵于荆州防禦。七月，王率兵赴重慶，中途返。具疏自劾，請解大將軍任，往沅州効力。

上責令率所屬官兵還京。十一月，議以老師糜餉、坐失事機，削爵。

二次襲勒爾貝，原襲順承郡王勒爾錦第三子。康熙十九年十二月，襲封多羅順承郡王。二十一年二月薨，年五歲。

三次襲。揚奇。原襲順承郡王勒爾錦第四子。康熙二十一年七月。襲封多羅順承郡王。二十六年四月薨。年七歲。

四次襲。充保。原襲順承郡王勒爾錦第七子。康熙二十六年五月。襲封多羅順承郡王。三十七年九月薨。年十四歲。

五次襲。布穆巴。原襲順承郡王勒爾錦第五子。康熙三十八年正月。襲封多羅順承郡王。五十御賜鞍馬給優人爲護軍校賴圖庫妻所訐削爵四年五月以六次襲諾羅布順承恭惠郡王勒克德渾第三子康熙三十七年正月授頭等侍衛三十八年二月擢鑲黃旗漢軍副都統十二月調鑲藍旗滿洲副都統四十年九月遷正黃旗蒙古都統預議政十一月攝右翼前鋒統領四十二年四月授杭州將軍五十四年五月襲封多羅順承

郡王。五十六年三月薨。年六十有八。謚曰忠。

七次襲錫保。順承忠郡王諾羅布第四子。康熙五十六年十月。襲封多羅順承郡王。雍正三年三月。掌宗人府事。並

命在內廷行走。四年五月。

諭曰。順承郡王錫保才品優長。乃國家實心効力之賢王。今在內廷行走。差遣甚多。王之費用亦多。著給與親王俸。護衛官員俱照親王之數。用九月。授鑲藍旗

滿洲都統。五年九月。調正黃旗漢軍都統先是錫保徇庇貝勒延信。罪狀不奏。又將不能騎馬之章京派拏延信。以致遲悞。十一月。議削爵得

旨寬免。其特恩賞給之親王俸及護衛官員。俱撤回。旋降任左宗正。七年三月。大軍征噶爾丹策凌。王署振武將軍印。赴阿爾台軍營。八年十一月。奏入旗駐防官兵。軍營効力兩年。巡牧均已習練。請仍留俟大兵凱旋。不必如例三年更代。

詔如所請行。初王奏喀爾喀游牧處妥頓妥協其三路副將軍各思効力已將禦賊守城之策。商酌預備。九年七月

上以錫保防範有方傳

諭慎籌喀爾喀等處戰守機宜。八月。

諭宗人府曰。錫保自派往軍營以來。辦理軍務。克殫誠心。勤勞宣力。甚屬可嘉。王之祖多羅領郡王亦係國家懋著勞績之賢。王著將錫保晉封順承親王。九月。

命嚴守察罕廋爾。十月。疏言準噶爾賊大策凌敦多卜。小策凌敦多卜。多爾濟丹巴等。自華額爾齊斯。至索勒畢烏拉克沁。留兵四千應援。率兵二萬六千。犯科布多等處。見我軍強盛。不敢輕進。遂抵克嚕倫。令賊將海倫。鄂勒錐等。掠喀爾喀游牧。大策凌敦多卜兵。向蘇克阿勒達呼屯。劄小策凌敦多卜子曼濟。掠鄂爾海西喇烏蘇。臣令王丹津多爾濟等合兵邀擊。至鄂登楚勒。遣台

吉巴海夜入大策凌敦多卜營。擒其衆。賊將袞
楚克扎卜。喀喇巴圖魯。復率兵三千來禦。我兵
誘斬喀喇巴圖魯。袞楚克扎卜傷遁。擒殺數百。
大策凌敦多卜等。移營台什哩山。曼濟兵亦敗
歸。俱由哈布塔克拜達克遁。疏入。
詔嘉獎之。十一月。授靖遠大將軍。先是
上以軍前大臣甚少。
命錫保於軍營營總官中。擇可勝副都統護軍統領。之

任者。密封陳奏。十年二月。疏言新調吉林佐領委署前鋒翼領阿思哈、黑龍江協領委署前鋒翼領布爾沙。均屬効力。請
賞給副都統職銜。
詔允之。七月。偵知賊赴額德爾河源。遣王丹津多爾濟等。率兵於奔博圖山嶺堵截。八月。師至額爾德尼昭。遇賊兵。鏖擊十餘次。賊且戰且却。日暮。抵大山梁。一面倡水戰。益酣。殺賊萬餘。尸滿山谷。

餘賊負傷。奔獲械畜無算。十一年四月。奏言察
罕廋爾。當阿爾台諸路要道。建城駐兵。歷有年
所。嗣以薪芻不足。移駐阿勒達爾托羅海。去年
又移駐烏里雅蘇台。此外尚有額德爾齊徳爾。
特爾。啟塔密爾。地各寬濶。然並在杭愛山陽。與
內地近。至特斯等處。僻在迤北。若賊由南路來
犯。邀擊堵禦。呼應不靈。並不便駐大兵。今已於
烏里雅蘇台山嶺。分建礮臺。左近令滿洲蒙古

兵駐劄且特斯台什哩各駐萬人賊不敢逼應
請即於烏里雅蘇台內外植木中實土爲城設
倉庫明春以察罕廋爾所貯銀米軍裝火藥等
物陸續解運
上從之七月議賊越克爾森齊老時不速發援失機罷
大將軍任削爵
八次襲熙良原封順承親王錫保第一子雍正
三年十月封輔國公尋授散秩大臣五年七月

晉封鎮國公十年正月封世子三月署鑲紅旗
漢軍都統十一年七月以父罪革世子十二月
襲封多羅順承郡王乾隆元年二月管鑲藍旗
覺羅學九年四月薨年四十謚曰恪
九次襲泰斐英阿順承恪郡王熙良第一子乾
隆九年九月襲封多羅順承郡王十三年十二
月授宗人府右宗正十五年九月管鑲紅旗覺
羅學十九年四月任左翼前鋒統領十月遷正

黃旗漢軍都統、二十一年六月。轉左宗正、七月薨。年二十有九。謚曰恭。

十次襲恒昌、順承恭郡王泰斐英阿第七子。乾隆二十一年十月、襲封多羅順承郡王。四十三年二月薨。年二十有六。謚曰慎。

十一次襲倫柱、順承慎郡王恒昌第一子。乾隆五十一年二月。襲封多羅順承郡王。

欽定宗室王公功績表傳卷八

欽定宗室王公功績表傳　卷八

欽定宗室王公功績表傳卷九

傳七 貝勒

和碩貝勒阿敏傳

阿敏

顯祖宣皇帝孫追封莊親王舒爾哈齊第二子初授台吉歲戊申三月

太祖命同長子褚英征烏拉宜罕山城克之斬千人獲甲三百俘其衆以歸癸丑正月從

上征烏拉布占泰。以三萬衆迎拒。諸將欲戰。
上止之。阿敏偕貝勒代善等奏曰。布占泰已出舍不戰
何耶。
上遂決進。克其城。滅之。丙辰。
太祖建元天命。封和碩貝勒。以齒序阿敏爲二貝勒。四
年三月。從
上破明兵于薩爾滸山。及尚間崖。復奉
命禦明總兵劉綎于棟鄂路。代善等繼之。陣斬綎。阿敏

偕大臣扈爾漢擊敗明遊擊喬一琦兵一琦奔固拉庫崖與朝鮮都元帥姜功烈合營阿敏同諸貝勒攻之功烈降一琦自縊八月從

上征葉赫滅之六年三月從

上取明瀋陽遼陽七月鎮江城中軍陳良策叛投明將毛文龍阿敏遷鎮江沿海居民于內地十一月文龍屯朝鮮阿敏渡鎮江夜入朝鮮境斬其守將及兵千五百文龍僅以身免十一年四月征

喀爾喀巴林部。取所屬屯寨。十月。征扎嚕特部。
俘其衆。天聰元年正月。同貝勒岳託等征朝鮮。
瀕行。
諭曰。朝鮮屢世獲罪。理宜聲討。然此行非專伐朝鮮也。
明毛文龍近彼海島。納我叛民。故整旅徂征。如朝鮮
可取。並取之。因
親授方畧。是月。大軍薄義州。拔其城。分兵擣文龍所居
鐵山。文龍敗歸海島。師克宣州。迪定三城。次平

壤朝鮮王李倧遣使請和阿敏書數其罪七次黃州倧復請和阿敏欲進攻諸貝勒議許之事詳克勤郡王傳凱旋

上郊勞于武靖營

賜御衣一襲五月從

上征明錦州復圍寧遠擊斬千餘人四年正月大兵克永平灤州遷安三月

命阿敏代貝勒濟爾哈朗等駐守師至合畧廼西路並

招降榛子鎮四月諭歸降漢文武官曰我國法度從來賄賂不行廉者舉之貪者勿錄況皇上簡用者俱廉潔忠直之輩爾等若有罪雖賂千金無益若無罪即衆貝勒何懼焉五月明監軍道張春等圍灤州阿敏怯不往援灤州陷阿敏遽棄永平殺降者夜出冷口歸六月上御殿諸貝勒大臣議阿敏十六罪上命岳託宣示于衆諸貝勒大臣合詞請誅阿敏

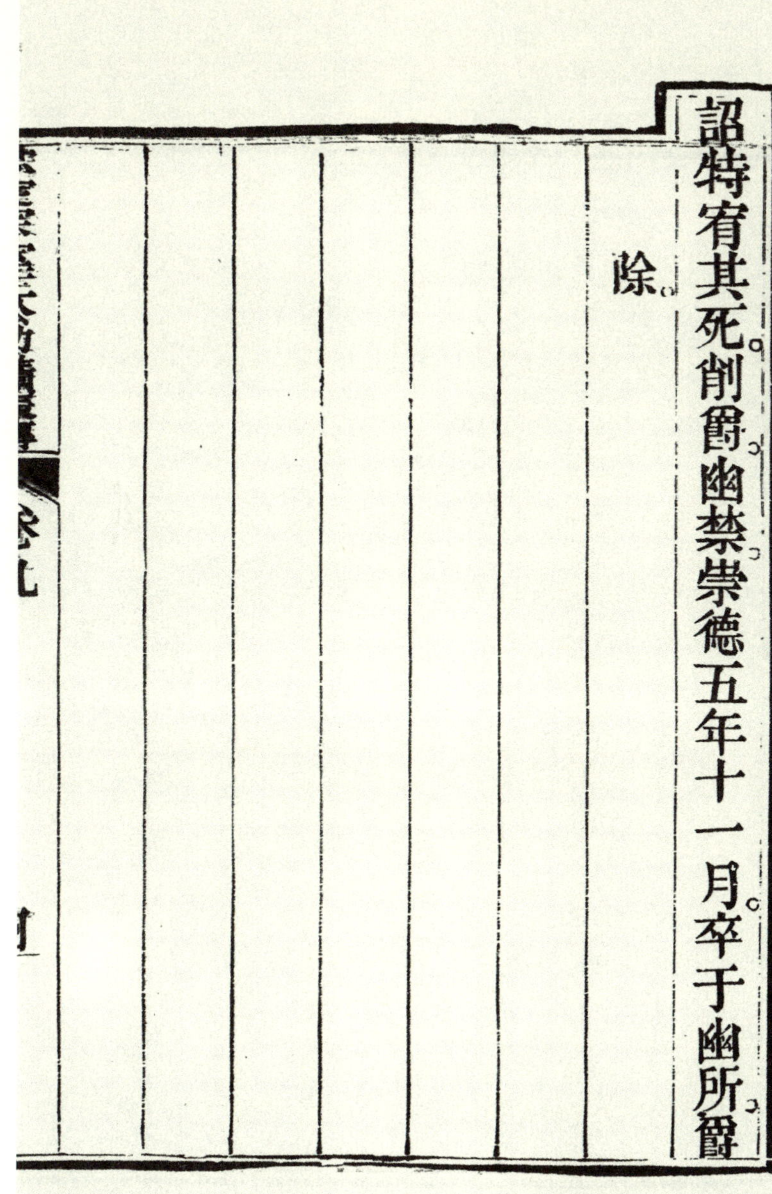

詔特宥其死削爵幽禁崇德五年十一月卒于幽所爵除

欽定宗室王公功績表傳　卷九　四

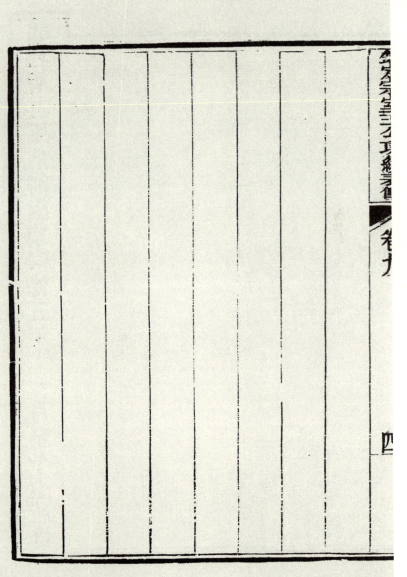

多羅誠毅貝勒穆爾哈齊傳

穆爾哈齊

顯祖宣皇帝第二子以功

賜號誠毅歲乙酉四月從

太祖高皇帝征哲陳部嘉哈部長蘇庫賚呼密告哲陳部主於是托摩和章嘉巴爾達薩爾滸界藩五城集兵以待

上執麾前進穆爾哈齊及近侍延布祿烏靈阿皆奮勇

直入重圍斬二十餘級敗其衆涉渾河走穆爾哈齊復隨

上渡河躡其後至吉林崖見兵由旁徑來

上慮爲彼見去冠纓隱身以待射前至者一人貫脊而殪穆爾哈齊復射殪其一餘多墜崖死

太祖曰今日之役以四人敗八百衆

天助我也天命五年九月卒年六十

上親奠順治十年六月追封多羅貝勒謚曰勇壯爵除

多羅篤義貝勒巴雅喇傳

巴雅喇

顯祖宣皇帝第五子。初授台吉。歲戊戌正月，

太祖命同長子褚英征安楚拉庫路，夜取屯寨二十，降

萬餘人。

賜號篤義。丁未四月，

命征東海窩集部，取赫席赫、鄂謨和蘇嚕、佛訥赫托克

索三路，俘二千人。天命九年九月卒，年四十有

三。順治十年五月。追封多羅貝勒。諡曰剛果。爵除。

多羅廣畧貝勒褚英傳

褚英。

太祖高皇帝第一子。初授台吉。歲戊戌正月。

上命征安楚拉庫路。以功。

賜號洪巴圖魯。尋封多羅貝勒。初。東海瓦爾喀部蜚悠

城長策穆特赫。苦烏拉布占泰之虐。乞移家歸

附。丁未正月。

命同貝勒舒爾哈齊。代善。率兵徙之。軍夜行陰晦。忽大

纛上有光衆以爲異捫視無有復建之光如初

舒爾哈齊曰吾幼從

上征討所閱事多矣未見此異疑非吉兆欲班師褚英

同代善持不可曰吉凶兆已定遽還何以報

命決進抵斐悠城收其屯寨五百戶令大臣扈爾漢衞

之先行兵僅二百布占泰以萬衆邀諸路傷我

一人大將揚古利斬其七人乃卻褚英與代善

至策馬前諭軍士曰

上每征伐無不以少擊衆今雖未親行間我等奉
命來此爾衆無憂昔撿布占泰脊歸俾主其地時不久
背恩如故今豈不能再縛之衆皆曰願効力褚
英遂與代善各率兵五百夾擊天方晴明忽大
雪寒烈烏拉兵大敗斬其統兵貝勒生擒貝勒
常住瑚哩布及常住之子死者相枕藉獲馬五
千甲三千
上以褚英率先敗敵嘉之復

賜號廣略。戊申三月，同貝勒阿敏征烏拉宜罕山城，克之。布占泰與蒙古科爾沁貝勒翁阿岱合兵出烏拉城二十里，遥望我軍，知不可敵，相約還。復以失宜罕山城，大懼，遣使來盟。乙卯閏八月，褚英以罪伏誅，爵除。

多羅貝勒芬古傳

芬古

顯祖宣皇帝孫。追封莊親王舒爾哈齊第八子。天聰五年三月。授鑲藍旗都統。八月。隨上征明。抵大凌河。芬古率本旗兵圍城之西南。時貝勒阿濟格敗明兵于松山。上將擊其營。城中兵來突。芬古等夾擊。大敗之。九月。上令軍士向錦州幟而馳。如明援兵狀。距城十里。礮聲

不絕。總兵祖大壽統衆出西南隅。攻軍臺芬古

等迎擊。大壽敗回。不敢出。七年六月。

詔問征明與朝鮮察哈爾三者何先。奏言我軍蓄銳已

久。勢可用。宜卽入明邊。毀其城堡。戮力進取。何

憂無成。八年七月。從

上征明。同貝勒德格類進師獨石口。七月克長安嶺。殺

其守備官。攻赤城。克其郛。復入保安州。謁

上於應州城。籍俘獲以獻。九年五月。

命芬古等隨貝勒多鐸入寧錦界牽制明兵，俾毋援山西。大壽營大凌河西，我軍擊敗之。崇德元年五月，隨武英郡王阿濟格等征明薄延慶州，先後克城十。十二月，從征朝鮮，同都統譚泰以騎八其城。朝鮮王遁，盡收其輜重而還。敘功封固山貝子。四年五月，坐取外藩蒙古賄，削爵。八月，復封輔國公。六年八月，大軍圍松山，明兵夜遁，芬古追破之。七年十月，隨饒餘貝勒阿巴泰征明。

抵薊州。敗明總兵白騰蛟等。克其城。八年十月。駐防錦州。十二月卒。年三十有九。順治十年五月。追封多羅貝勒。謚曰靖定。乾隆十五年七月。以曾孫德沛。襲封和碩簡親王。贈如其爵。

初次襲。尚善。追封靖定貝勒芬古第二子。順治元年四月。襲封輔國公。十月。晉封固山貝子。二年正月。隨豫親王多鐸南征。至潼關。賊李自成以騎三百橫衝我師。尚善與貝勒尼堪。敗之。三月。平河南。五月。渡江。平江南。尚善並在事有功。

賜圓補紗衣一襲。金百兩。銀五千兩。鞍馬一。五年八月。隨英親王阿濟格。勦天津土寇。殲之。十二月。駐防大同。六年十月。晉封多羅貝勒。九年二月。掌理藩院事。十月。預議政。十五年正月。隨信郡王多尼。征明桂王朱由榔。于雲南。薄其城。由榔奔永昌。尚善同征南將軍卓布泰進鎮南州。破其將白文選。於玉龍關。渡瀾滄江。下永昌。由榔先遁。乘勝取騰越州。進剿南甸。至孟村。而還。十六年六月。

賜蟒袍一。玲瓏刀一。鞍馬一。十七年七月。議尚善領撤永昌守門兵。致軍入城。傷百姓。降固山貝子。康熙十一年閏七月。

諭宗人府。尚善性行端良。凡事小心敬慎。勤勞爲國著。仍復多羅貝勒。十二年六月。任宗人府右宗正。十三年三月。以疾罷宗正。是時逆藩吳三桂反。

上命順承郡王勒爾錦由荆州進征。六月復

命尚善爲安遠靖寇大將軍率師之岳州。速滅賊。尚善

至軍。移書三桂。其畧曰。王以亡國餘生。乞師我

朝。殄殲賊寇。爲國雪恥。爲父復讐。感我

聖恩。傾心報國。蒙

恩眷顧。列爵分藩。榮施後嗣。忠孝慈義之節。炳于天壤。

富貴寵榮之盛。絶于近代。迄今三十餘年矣。而

末路晚節。復效童昏。頓喪初心。自取顛覆。竊爲

王不解也。何者。王藉言興復明室。則曩者大兵入關。奚不聞王請立明裔。且天下大定。猶爲我討除後患。剪滅明宗。安在爲故主効忠哉。將爲子孫謀創大業。則公主額駙曾偕至滇。其時何不遽萌反側。至遣子入侍。乃復背叛。以陷子戮。可謂慈乎。如欲光耀前人。則王之投誠也。祖考皆膺封錫。今則墳塋毀棄。骸骨遺於道路。可謂孝乎。爲人臣僕。迭事兩朝。而未嘗忠于一主。可謂義乎。不忠。不孝。不義。不慈。之罪。躬自蹈之。而欲逞志角力。收復人心。猶厝薪于火而云安。若巢于幕而云固也。諺曰老將至而耄及之。王非老髦。何乃至是。如即輸誠悔罪。

聖朝寬大。應許自新。毋蹈公孫述。彭寵。故轍。赤族湛身。爲世大僇。三桂得書不報。十一月。疏請發荊州綠旗兵。撥京口沙唬船五十。並赴岳州進勦。從之。十四年六月。賊犯彝陵。急遣舟師絕其餉道。

十五年三月。以舟師敗賊于洞庭。取君山。四月。分遣兵助安親王岳樂攻長沙。十六年正月。征南將軍穆占由岳州赴長沙。深入賊境。

命尚善率水陸兵進援。四月。三桂奔衡州。復進湘潭。分遣其衆侵兩粵。尚善請撥鳥船四十。精兵每佐領四名。水陸夾擊。十七年二月。

諭責尚善殄賊緩。令率所部每佐領五人駐守長沙。而以岳樂統大軍取岳州。尚善願統舟師克岳州自効。

上從其請。遣湖廣總督蔡毓榮。率標兵三千。荊州綠旗兵二千。馳赴岳州協擊。六月。賊將杜輝犯柳林嘴。大軍迎擊君山。扁山。舟師亦至。合戰。賊敗走。斬獲甚衆。賊固守套湖峽。總兵萬正色等又擊破之。捷

聞。下部議敘。八月。薨于軍。年五十有八。十九年十一月

廷議出師湖廣功罪。尚善坐退縮。追削爵。

五次襲。門度。原封貝勒尚善第四子。康熙七年正月封鎮國公。二十五年十一月。任宗人府右宗正。三十七年四月。以惰削鎮國公。時門度之弟鎮國公根度。亦以乖張。削爵。五月。

諭大學士等。門度。根度。乃貝勒尚善之子。今兩公爵俱革。尚善別無公爵之子孫。則其爵遂絕矣。著交宗人府議。尋議奏。門度之祖芬古。係輔國公。門度應襲公爵。得旨。門度著襲封輔國公。雍正四年十一月。以病削爵。

三次襲裕綬。原封貝勒倘善孫。原封鎮國公根度第四子。康熙五十五年正月。授三等侍衛。雍正四年十一月。襲封輔國公。尋授散秩大臣。九年五月。管正藍旗覺羅學。十三年十一月。任宗人府左宗正。乾隆五年十月卒。年五十有二。謚曰敏恪

四次襲嵩椿。敏恪輔國公裕綬第六子。乾隆六

年二月。襲封奉恩輔國公。十二年四月。授散秩大臣。十三年二月。任正紅旗漢軍副都統。閏七月授正藍旗護軍統領。十四年五月。遷鑲黃旗漢軍都統。兼左翼前鋒統領。十五年四月。調鑲黃旗蒙古都統。十月。任宗人府右宗人。十九年四月。署領侍衛內大臣。十二月。管理鑾儀衛事。二十二年正月。授荊州將軍。二十五年十二月。調西安將軍。二十六年十一月。授察哈爾都統。

二十七年閏五月，復任西安將軍。二十九年十一月，與副都統成德，互參議嵩椿狥私保題官屬，又不將違例放債之沙爾圖，及坐扣錢糧之佐領朱林泰究參等罪，革任。回京。三十年正月，任散秩大臣。十二月，授綏遠城將軍。三十一年十二月，以不裁轎夫餉銀，革任。三十三年九月，署領侍衛內大臣。十月，任正紅旗蒙古都統。三十五年四月，任右宗人。三十六年六月，授內大臣三十七年十一月授江寧將軍。四十六年三月調綏遠城將軍。四十九年六月調寧夏將軍。

多羅安平貝勒杜度傳

杜度

太祖高皇帝孫。原封廣略貝勒褚英第一子。初授台吉。天命九年正月。喀爾喀巴約特部台吉恩格德爾請移居東京。杜度隨大貝勒代善等徙其戶口來歸。尋封貝勒。天聰元年正月。同二貝勒阿敏貝勒岳託等征朝鮮。李倧請和。諸貝勒許之。阿敏欲直趨至其都。謂杜度可同往。杜度變色

曰

皇上乃吾叔父何可遠離耶遂與岳託等議定盟而還

二年二月

上征多羅特部杜度留守三年十一月從

上征明薄京城敗滿桂侯世祿又同貝勒阿巴泰等焚

通州克張家灣從

上至薊州敗敵援兵事具英親王傳十二月

命杜度統本旗兵駐遵化四年正月明兵來攻敗之斬

其副將獲驪馬千計。五年三月，

命諸貝勒直言時政。杜度奏曰：讞獄務求明允，請別選賢能聽訟，必事理是非斟酌悉當者，庶有成效。

七月，

上征明，杜度留守。六年四月，

上征察哈爾，復留守。七年三月，監築鹻場城。五月，明將孔有德、耿仲明來降，杜度等迎護其衆，事具英親王傳。六月，詔問征明及朝鮮察哈爾三者何先奏言朝鮮已在掌握且緩征察哈爾與我逼則征之破則天下自然膽裂若尙遠取大同邊地抹馬乘機深入明境八年五月

命駐防海州崇德元年四月敘功晉封多羅安平貝勒九月守海州河口伊勒愼奏明將造巨艦百餘橫截遼河爲戰禦計

命杜度濟其師明兵敗卻乃還十二月

上征朝鮮，杜度護輜重後行。

諭簡精騎略皮島、雲從島、大花島、鐵山，至則居民先遁。

杜度焚其廬舍。二年二月，抵臨津江，前一日，聞

冰解不可渡，夕大雨雪，冰復凝，軍數萬徑渡，狀

聞。

上曰：嘉祥游至。皆

天意也。是月，同睿親王多爾袞取江華島，敗其水師，再

敗其兵于江岸，克其城。三年二月，

上征喀爾喀同代善濟爾哈朗等留守并監築遼陽都

爾弼城是月明石城島總兵沈志祥挈屬降杜

度運米濟之八月

命岳託爲揚威大將軍杜度副之統右翼軍伐明抵密

雲東北牆子嶺明兵迎戰敗之進攻牆子嶺堡

分兵入破明黑峪關古北口黄崖口馬蘭峪等

關岳託以疾薨于軍杜度總軍務與左翼會于

通州河西越北京西抵山西南抵濟南降城克

敵事具睿忠親王傳四年四月凱旋

賜駞一馬二銀五千兩八月

命掌禮部事九月同貝勒濟爾哈朗等略明錦州寧遠

五年四月

上巡視義州杜度留守六月同睿親王等于義州屯田

七月杜度率右翼兵伏寧遠路殺明運糧兵三

百人尋往錦州誘敵敗其兵八月獲大凌河海

口船九月代還十二月圍錦州餘詳睿忠親王

傳六年三月以聽從睿親王離城遠駐遣兵私
回論削爵奪所屬戶口
詔從寛罰鍰六月復往圍錦州敗明兵于松山八月從
上親征九月
駕旋留杜度圍錦州七年六月薨年四十有六病革時
諸王貝勒方集
篤恭殿會議出征功罪
上聞之罷朝訃至

命護軍統領圖賴往奠雍正二年立碑以旌其功。

初次襲杜爾祜安平貝勒杜度第一子初封輔國公崇德四年七月有蒙古及漢人自伊嚕逃杜爾祜駐兵藩城屏城間伺之不獲而還議削爵。

詔免之六年八月從

上圍松山明兵遁諸將相繼追擊杜爾祜疑後有敵兵少待已而無至者遂隨衆追破之七年三月隨

大軍圍錦州祖大壽以城降

命杜爾祜還京六月降襲鎮國公十月以叅領拜山等首告怨望削爵黜宗室順治元年十月隨豫親王多鐸南征二年二月仍入宗室封輔國公十月敘功

賜金五十兩銀二千兩五年九月隨鄭親王濟爾哈朗征湖廣六年四月敗賊于永興抵辰州賊渠一隻虎遁追擊之進勦廣西定全州餘詳鄭獻親

王傳七年正月凱旋敘功

賜銀六百兩八年二月晋封多羅貝勒九年十月

命議政十二年二月卒年四十有一謚曰慤厚

二次襲敦達慤厚貝勒杜爾祜第五子順治十二年八月降襲固山貝子康熙十三年十月卒年三十有二謚曰恪恭

三次襲普貴恪恭貝子敦達第二子康熙十三年十二月降襲鎮國公三十七年四月

諭宗人府察行走勤惰議奏普貴原有瘋疾今雖愈不便令其行走應革退得旨普貴向來行走尙優旣稱瘋疾已痊著照常行走雍正元年十月以病削爵

四次襲智保原襲鎭國公普貴第十一子雍正元年十月降襲輔國公三年正月卒年七歲

五次襲蘇保原襲鎭國公普貴第十三子雍正三年正月襲封輔國公四年十二月卒年四歲

六次襲。誠保原襲鎮國公普貴第七子。雍正五年二月。襲封輔國公。乾隆十九年九月卒。年四十有三。謚曰溫禧。

七次襲。慶春。溫禧輔國公誠保第二子。乾隆二十年二月。襲封奉恩輔國公。三十八年六月卒。年二十有四。

八次襲。恒寧。奉恩輔國公慶春第一子。乾隆三十八年十月。襲封奉恩輔國公。

多羅貝勒察尼傳

察尼。太祖高皇帝孫豫通親王多鐸第四子順治十三年正月封多羅貝勒康熙七年正月授宗人府左宗正七月預議政九年三月充玉牒館副總裁十二年十二月逆藩吳三桂反命隨順承郡王勒爾錦由湖廣進勦參贊軍務十三年三月至荆州賊已陷岳州七月察尼同將軍尼雅翰進征僞將軍吳應麒以賊七萬由陸路來拒敗之斬級甚衆舟師抵七里山以礟攻沉其船十餘因溽暑風逆仍回荆州十四年五月賊陷穀城察尼佩靖寇將軍印往援都統伊里布等先至賊遁時南漳興山爲賊陷又逼彝陵據城外鎮荆山掘壕結寨八月察尼至彝陵以賊寨難進攻其糧由江運議增舟師斷賊運困之十月遣兵敗賊于牛皮丫口進攻黃連坪焚其

積聚與山賊遁。十五年二月。吳逆移南漳彝陵賊往長沙。順承郡王令察尼同荊州渡江剿賊。三月。同都統伊里布等趨石首縣。賊據虎渡口迎戰。敗之。追至太平街。斬級三百餘。泊江南岸。翼日再登岸擊賊。過太平街。遇賊伏。失利。退荊州。

詔責勒爾錦老師糜餉。察尼叅贊無能。令立功贖罪。十七年八月。貝勒尚善薨于岳州軍。

命察尼代爲安遠靖寇大將軍規復岳州九月疏言舟師入湖三月餘雖未大挫賊鋒賊亦不能出戰近聞賊餉將絕宜于湖水涸後圍以木樁立木樁列火礮俾小船巡警以困之然水涸爲期尚遲兩三月間賊中安知無變今乘水勢未退立一營于南津港俟水涸酌撥舟師營于君山扁家廟絕其糧道賊勢窮蹙不難撲滅

上善其言令副都統關保率兵赴岳州聽調遣是月遣

提督桑額協同撫遠將軍彰泰率師至南津港。大敗賊衆。十一月奏僞將軍杜輝巴養元姜義舟師犯陸石口。將軍鄂訥等敗之。斬千餘級。署副都統葉儲赫等進攻岳州。破賊萬餘。又疏言賊屯岳州。偵知其糧已匱。以舟師悉出。意在通餉道。壘戰移時。僞帥復率衆五千。自高家廟渡江來犯。增遣前鋒統領杭奇禦退之。先是察尼以舟師屢經出戰。疏請發江南手舟等艘古晋。

又請調荆州水師總兵張忠并標兵營君山喬家廟。

上皆從之。至是又疏言湖水漸涸。陸地漸出。我兵營伍隔絶。恐賊潛通饋餉。請增發滿漢兵。議政王等議不准行。

上以圍取岳州關係重要。賊糧將絶。令安親王岳樂以長沙閑駐兵量調赴之。十八年正月疏請調兵六千圍岳州城。并請設隨征左右前後四營總兵官分轄。

詔允之。是月。僞總兵王度冲。陳珀等。各以舟師降吳應麒。棄城遁。復岳州。計招撫僞官六百餘。兵五千餘。獲船六十五艘。六百四十餘。二月。安親王自長沙進取衡州。察尼發綠旗兵沙船助其軍。尋奏都統珠滿。追擊賊於湘陰。斬獲無算。復其城。提督桑額取安鄉。降僞員外郎等三人。四月。

命察尼由常德進征辰龍關。軍務在澧州以南者聽調度。十九年三月。同都統鄂訥等攻克辰龍關。撫辰州。賊潰遁。僞知府傅祖祿等以城降。並招撫僞將軍楊有祿、周偵、楊寶蔭、祖述舜等。五月。疏言自常德進辰沅。沿途雨濘馬乏。詔暫屯沅州。酌量進發。六月。疏計在軍前鋒四百有奇。護軍驍騎每佐領二十餘人。應簡前鋒三百。每佐領護軍六。驍騎九。進取雲貴。上命彰泰統師進征。察尼領先出征劾力勞苦之滿洲兵。還京。十一月。議察尼出師湖廣退縮不速扼要害。應削貝勒。及議政宗人府職。籍其家屬財產。仍行拘禁。

上念克岳州功。僅削爵爲閒散宗室。二十四年十二月。特授奉天將軍。二十七年九月卒。年四十有八。喪至京。命領侍衛內大臣公費揚古往奠。祭葬如輔國公例。謚曰恪僖。爵除。

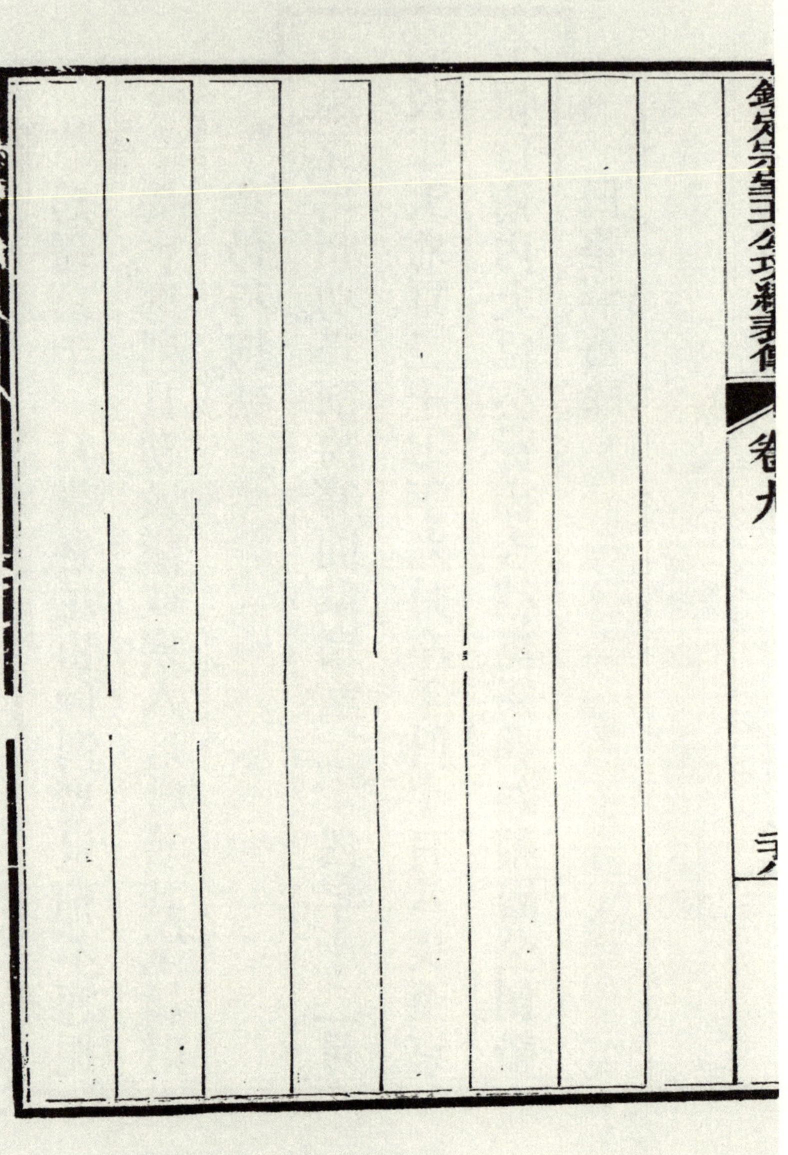

多羅貝勒喀爾楚渾傳

喀爾楚渾

太祖高皇帝曾孫追封克勤郡王岳託第三子順治元年四月隨睿親王多爾袞入山海關破流賊李自成追擊至望都二年二月封鎮國公三年正月隨肅親王豪格討流賊張獻忠時賊黨據陝西同貝子滿達海進剿僞叅將石國璽以下五十餘人率賊七百迎降賊首高如礪逍三台山

掘壕圍之如礪亦率衆降十一月肅親王進征四川斬獻忠于西充喀爾楚渾在事有功五年八月任鑲紅旗滿洲都統六年正月隨敬謹親王尼堪討大同叛鎮姜瓖師至太原賊由寧武關迎戰遣都統阿賴等敗之進圍寧武賊犯我鑲紅鑲黃兩旗營擊敗其衆四月由左衛往圍大同僞總兵楊振威斬瓖降十月晉封多羅貝勒八年二月攝理藩院事八月薨年二十有四

諡曰顯榮。立碑紀功。康熙十三年三月。復立碑旌之。

初次襲克齊。顯榮貝勒略爾楚渾第一子。順治九年十月。襲封多羅貝勒。康熙六十一年六月薨。年七十有二。

二次襲曾賓。貝勒克齊第一子。康熙二十三年正月。封固山貝子。三十年正月。授宗人府左宗正。三十五年二月。

上征噶爾丹同都統喀岱等統領鑲藍旗營三十八年十二月以惰罷宗正任雍正元年三月改降襲固山貝子四年二月坐舉動狂悖削爵三月以魯賓無應襲貝子之人復降封輔國公乾隆八年六月卒年七十有四謚曰恪思

三次襲訥穆金額縈貝勒喀爾楚渾元孫初喀爾楚渾孫曾賓以弟奉國將軍品級蘭鼎子宗智爲嗣未襲卒訥穆金宗智第四子也乾隆九

年四月降襲奉恩將軍二十五年十二月授三等侍衛累遷至頭等侍衛四十八年十月卒年四十有四

四次襲薩賓圖奉恩將軍訥穆金第二子乾隆四十九年五月襲封奉恩將軍

多羅貝勒巴思哈傳

巴思哈

太祖高皇帝曾孫追封克勤郡王岳託第五子崇德四年正月封鎮國將軍順治六年十月晉封多羅貝勒九年七月流賊張獻忠餘黨孫可望等犯湖南隨敬謹親王尼堪征之

賜蟒衣鞍馬弓矢十一月尼堪戰沒於衡州

命貝勒屯齊代其軍與巴思哈合營三月由永州趨寶

慶。敗賊兵十萬于周家坡。十一年十月。議隨敬

謹親王出征敗績。罪削爵。十二年三月。任鑲紅

旗滿洲都統。八月。封鎭國公品級。十五年正月。

隨信郡王多尼征明桂王朱由榔于雲南。合四

川。廣西。兩路軍期進取。十一月。抵貴陽。趨安莊。

擊斬其衆。十六年正月。大軍簿雲南省城。同貝

勒尚善等克鎭南州。玉龍關。永昌府。騰越州。六

月。

賜蟒袍鞍馬勞之十七年五月師旋七月議前征雲南時撤永昌門兵致軍士入城擾民降鎮國將軍品級十八年二月卒年三十

初次襲固克度渾原封貝勒巴思哈第二子順治十八年六月降襲三等輔國將軍品級康熙四年七月卒年十歲

二次襲庫布素渾原封貝勒巴思哈第三子康熙四年九月降襲三等奉國將軍品級十二年

正月晉三等輔國將軍品級。三十四年十月。以病誤較射削爵。

三次襲。蘭鼐。原封三等輔國將軍品級。庫布素渾第一子。康熙三十四年十月。降襲三等奉國將軍品級。五十八年三月卒。年四十有一。

四次襲。宗智。奉國將軍品級蘭鼐第三子。康熙五十八年十二月。降襲奉恩將軍品級。雍正八年二月。授三等侍衛。尋遷二等侍衛。乾隆元年九月。授前鋒參領。四年十二月。擢副都統。八年十月卒。年四十有三。

五次襲。宗熹。奉國將軍品級蘭鼐第六子。乾隆九年七月。降襲雲騎尉品級。四十年十二月。因軍政虛報年歲。削級爵除。

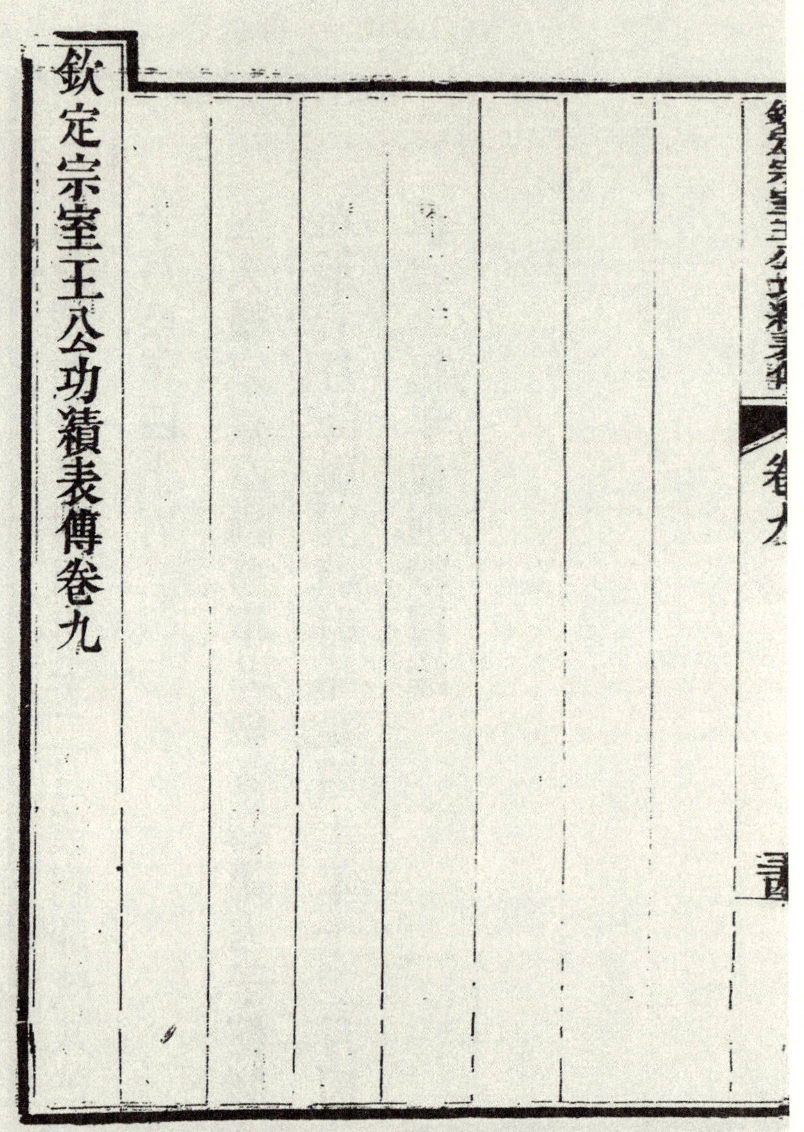
欽定宗室王公功績表傳卷九

欽定宗室王公功績表傳卷十

傳八貝子

固山貝子務達海傳

務達海

顯祖宣皇帝孫追封誠毅勇壯貝勒穆爾哈齊第四子

天聰八年十二月授騎都尉崇德三年七月任

刑部左叅政四年八月封三等輔國將軍五年

二月任鑲白旗滿洲副都統十一月隨鄭親王

濟爾哈朗。圍錦州偵知敵於杏山塔山間運糧

芻夜畧之。擒斬甚衆。七年六月擢刑部承政。先

是務達海隨貝勒阿巴泰。征明分畧山東登州。

未至離衆先歸。八年七月部議削世職。罷副都

統任。奪所賞俘獲。

上祇命奪俘獲入官。順治元年四月隨睿親王多爾衮。

入山海關敗流賊李自成。二年二月敘功晉封

二等輔國將軍。四年正月以議鄭親王造府踰

制罪贍徇。削世職。六月。晉一等輔國將軍。九月。晉三等鎮國將軍。五年四月。同都統阿賴等戍漢中。是年。晉封固山貝子。六年四月。同鎮國公屯齊哈。輔國公巴布泰。往大同代英親王阿濟格討叛鎮姜瓖。八月。

上仍命阿濟格赴大同。務達海還京。七年五月。預議政。八年五月。攝都察院事。十一年十二月。隨鄭親王世子濟度。討福建海寇鄭成功。中途疾還京。

十二年五月卒。年五十有五。謚曰襄敏。爵除。

固山貝子博和託傳

博和託。

太宗高皇帝孫。饒餘敏郡王阿巴泰第二子。初封輔國公。崇德元年十二月。

上親征朝鮮。豫親王多鐸等先驅。博和託隨軍。圍其都。進圍南漢山城。先後敗援兵三萬餘。

上駐營城西。博和託以所獲獻。二年二月。李倧降。分

賜所俘。三年八月。隨睿親王多爾袞等征明。由董家口

入畧京西南六府至山西界移師山東克濟南。四年四月凱旋。

賜銀二千兩六年三月隨鄭親王濟爾哈朗等圍錦州七年三月錦州下圍杏山七月駐防錦州十月隨父阿巴泰征明入黃崖口攻薊州由河間景州進克兗州八年六月凱旋

賜銀三千兩十月同輔國公芬古駐防錦州順治元年四月隨睿親王入山海關破流賊李自成十月

晉封固山貝子。三年五月。隨豫親王勦蘇尼特部騰機思騰機特等。有功。十月凱旋。

優賜俘獲。五年九月卒。年三十有九。謚曰溫良。

初次襲。彰泰。溫良貝子博和託第四子。順治八年閏二月。封鎮國公。等封固山貝子。九年四月。改襲其父固山貝子。康熙十三年春。逆藩吳三桂陷湖南。

命順承郡王勒爾錦由荊州渡江勦賊。别

敕貝勒尚善爲大將軍規復岳州偕彰泰參贊軍務十

五年二月

諭責尚善暨彰泰進取遲延三月彰泰同尚善議分軍水陸並進遣護軍統領額司泰等勦賊洞庭湖賊船入南津港泊君山及由岳州出犯者皆敗之獲船五十餘賊攢立栟椿于奎湖峽口阻我舟大軍仍駐陸十七年六月伐栟椿掉輕舟擊賊柳林嘴發礮燬其船斃賊無算八月尚善卒

于軍。

詔以貝勒察尼代爲大將軍。授彰泰撫遠將軍。九月。師出南津港。賊船數十泊癩子山下。令前鋒統領杭奇、提督桑額擊斃賊百餘。獲船四十。月敗賊于陸石口。連營白米灘。絶賊舟餉。十八年正月。岳州賊乏食。僞將軍陳珀、僞總兵王度沖出降。彰泰偕桑額復華容、石首二縣。三月。

詔彰泰會安親王岳樂。軍于衡州。七月。由寶慶進征武

岡賊帥吳國貴據隘口我軍礮斃國貴賊潰追至木瓜橋殺賊甚衆十一月

命岳樂還京以彰泰代十九年三月奏都統穆占總督董衛國等敗賊帥吳應麒復沅州降靖州及綏寧縣附近各土司八月疏言將軍蔡毓榮奉有

調遣漢兵之

旨今進取貴州滿漢旣合兵一路若調遣不相知恐礙事機

上諭毓榮一切軍機關白大將軍酌行。閏八月。自沅州進征。十月。距鎮遠十五里駐營。賊據大路。及兩山結壘。先令衛國等攻鎮遠衛關口。穆占等截賊旁遁隘口。自與毓榮攻賊壘。賊敗潰。衛國等取十向口。敗賊將張足法等于大巖門。穆占躡賊至偏橋衛。賊由山徑竄。遂復鎮遠府。進定平越府及新添衛。直趨貴陽。逆孼吳世璠與應麒等皆遁。彰泰駐守貴陽。進復安順。石阡。都勻。思南諸府。十一月。遣軍復永寧州。敗賊于安籠鋪。追勦至雞公背山。鐵索橋。十二月疏言調賊兵萬三千。欲據盤江。遣前鋒統領薩克察等率兵至鐵索橋諸處守隘。

上以大兵秣馬貴陽已月餘。

諭趣彰泰親統大兵撲賊。進定雲南。二十年正月渡盤江。偵賊將線緎等據普安縣之江西坡。二月前驅至沙子哨。賊迎戰。敗之。彰泰督兵繼進。抵臘茀坡。賊在江西坡者夜竄。都統拉賽等追之。復新興所逐北三十里。賊千餘還拒。陣斬二百餘。仍躡蹤疾追。復普安州。時大將軍賴塔。由廣西入雲南曲靖府。彰泰由普安進霑益州。會嵩明州。議合圍雲南省城。距城三十里。賊將胡國柄劉起龍。引衆萬餘。列象陣拒戰。賴塔軍右。彰泰軍左。卯至午。賊殊死戰。彰泰密遣前鋒統領沙納哈等衝其旁。賊潰遁。陣斬國柄。起龍。及僞總

兵九人俘獲無算彰泰與賴塔毓榮等近歸化寺駐營令諸軍分布南壩碼石衛走馬街雙塔寺得勝橋重關等處以扼其吭仍廣宣招撫

敕諭於是大理臨安永順姚安武定諸僞官相繼詣軍門降先是賊將馬寶胡國柱夏國相等掠四川聞雲南圍急還救彰泰遣桑額及都統希福勦賊楚雄寶據烏木山扼險拒希福擊敗其衆寶越山遁至姚安知僞鎮將等俱先歸順乃乞降

七月疏言馬寶已來降夏國相黨羽解散奔竄廣南惟胡國柱在鶴慶麗江尚未撲滅提督桑額都統希福追捕逆賊情形與前不同臣等圍城兵力有餘頃聞將軍噶爾漢總督哈占自四川移師貴州將由威寧來雲南恐餉不敷臣等議令哈占兵還四川噶爾漢兵至日以厮役補缺兵量行減汰則餉不多糜圍城兵亦足用詔哈占噶爾漢並旋師四川酌防要地餘皆遣歸彰泰

又疏言馬寶屢經招撫不即悔罪投誠及奔尋甸携妻子赴楚雄糾逆黨爲大兵所敗窮蹙已極始率衆不滿百人乞降莫贖其罪同時來降之僞將軍巴養元鄭旺李繼業等應並覊禁候
旨九月希福至雲龍州國柱自縊死總兵李國樑與土司儂朋勦賊廣南圍國相于西板橋國相降彰泰奏其罪與寶同並械送京十月彰泰與賴塔及將軍趙良棟等破賊營于南壩得勝橋太平

橋走馬街賊竄入城大軍薄城環攻世璠自縊死偽將軍何進忠林天擎線絨黃明等出降彰泰誡將士勿搶掠令都統瑪奇穆占先入城撫民清理倉庫籍賊黨屬戮世璠屍函首馳獻

闕下雲南全省底定是年卽軍前授宗人府左宗正二十一年十月凱旋

上率王大臣至盧溝橋南二十里迎勞二十二年二月

議初征岳州遷延應以恢復貴州雲南功抵罪

命仍紀功封冊。

賜金二十兩。銀千兩。二十四年九月以濫舉宗人府屬官。品行不端罷左宗正。二十九年正月卒。年五十有五。

二次襲屯珠貝子彰泰第三子。康熙十一年正月封鎮國公。二十七年二月以庸懦降鎮國將軍。二十九年六月襲封鎮國公。五十二年十月授宗人府左宗正。五十六年十月任禮部尚書。

五十七年閏八月卒年六十有一

詔贈固山貝子謚曰恪敏

三次襲逢信恪敏貝子屯珠孫初屯珠子安詹殤以兄百綏子文昭第三子逢信嗣安詹爲子康熙五十七年十二月降襲輔國公乾隆十二年八月卒年四十有二謚曰恭恪

四次襲盛昌恭恪輔國公逢信第二子乾隆十二年十二月襲封輔國公二十二年七月以侍

班失儀。削爵。二十三年二月。封鎭國將軍。十二月。晉封輔國公。

固山貝子固爾瑪渾傳

固爾瑪渾。

顯祖宣皇帝曾孫。原封貝勒阿敏第三子。崇德三年九月。隨睿親王多爾袞。征明。由北京至山西。復東至濟南。克城四十餘。四年四月。凱旋。

賜駞一。馬一。銀二千兩。是年。封輔國公。先是內大臣多爾濟。所屬蒙古及漢人。盜馬自伊嚕逃。

命同鎮國公扎喀納等。伺諸藩城。屏城。間既望見。以綽不追而還。八月。議削爵。

旨免之。五年六月。以父阿敏罪削爵。黜宗室。順治五年

閏四月。復入宗室。封輔國公。六年正月。隨鄭親

王濟爾哈朗征湖廣。擒何騰蛟於湘潭。進師永

興。奪門入。固爾瑪渾俱在事有功。凱旋。

賜銀六百兩。十月。晉封固山貝子。康熙二十年十月卒。

年六十有七。謚曰温簡。

初次襲。瓦三。温簡貝子固爾瑪渾第四子。康熙

四年正月封三等輔國將軍十三年十月隨安
親王岳樂征江西進定湖廣十八年十一月還
京二十年十二月降襲輔國公二十一年八月
授宗人府右宗人二十二年三月議瓦三前在
長沙退縮罪削爵得
旨瓦三才具甚優况其公爵乃伊父貝子固爾瑪渾効
力年久恩賜之爵著革去右宗人從寬留其公爵二
十三年四月任鑲藍旗蒙古都統五月調鑲藍

旗滿洲都統。先是俄羅斯竊據雅克薩、尼布潮二城。

上諭黑龍江將軍薩布素收其田禾以困之。薩布素以失機請罪。是年

命瓦三偕侍郎果丕會薩布素議雅克薩應否攻取。嗣奏我兵于來年四月抵雅克薩。招撫不就。撫則攻其城。萬一難取。卽遵前

旨毁田禾以歸。

上命都統朋春等會勦。十二月議政王大臣奏請黑龍江將士應遣大臣統轄。得旨軍機關係緊要。非熟練戎行者不可。公瓦三。素諳行師。遣往必能勝任。護軍統領佟寶佛可託。皆堪効力之人。可令公瓦三統轄之。二十四年正月卒。年三十有五。謚曰襄敏。

二次襲。齊克塔哈。襄敏輔國公瓦三第二子。康熙二十四年正月襲封輔國公。三十二年十二

月任宗人府右宗人三十五年正月從

上征噶爾丹同護軍統領鄂克濟哈統領正紅旗營三

十九年四月濬永定河齊克塔哈分董其事四

十年正月任正黃旗蒙古都統四十六年五月

以鑽營削爵

三次襲鄂斐温簡貝子固爾瑪渾孫鎭國公瑪

爾圖第四子康熙六年三月封三等奉國將軍

三十三年五月任鑲藍旗蒙古副都統三十五

年正月。從

上征噶爾丹同康親王傑書等統領鑲藍旗營。三十八年九月調正紅旗蒙古副都統。三十九年十二月調正黃旗滿洲副都統。四十年二月擢正黃旗漢軍都統。九月。調正黃旗滿洲都統。四十一年九月。授領侍衛內大臣。四十六年六月。襲封輔國公。四十七年七月。任宗人府左宗人。五十二年八月。卒。年六十有一。

四次襲鄂齊輔國公鄂斐第五子康熙三十八年八月封奉恩將軍四十八年二月以事削爵尋授散秩大臣雍正三年五月任正黃旗漢軍副都統十一月以陜甘總督岳鍾琪奏將羅隆宗諸部給達賴喇嘛管理遣大臣往諭

命鄂齊偕學士班第會提督周瑛詳細妥辦嗣鄂齊奏言臣至西藏審視情形首領辦事者互不輯睦請

降

旨諭達賴喇嘛等和衷共事。

詔允之。十二月。

上諭鄂齊自委任以來竭力行走差往西藏辦事明白。著將伊父鄂斐未襲輔國公爵給與承襲。四年十月擢鑲黃旗漢軍都統。五年七月晉鎮國公。十一月調天津水師營都統。六年九月以兵丁滋事削爵授三等侍衛效力。七年三月任正江旗滿洲副都統。十月。奏請八旗訓練必弓箭相稱嫺熟中的。爲要。除宫射用披子箭外。常演俱用骲頭。則指發與眉針箭同。視製披子箭價省。議姬所奏。九年八月。署鑲紅旗蒙古都統。十一年正月。革任爵除。

固山貝子洛託傳

洛託。

顯祖宣皇帝曾孫。追封和惠貝勒寨桑古第一子。天聰八年八月。從

上征明有功。籍所俘獻于大同南西岡

御營。崇德元年。封固山貝子。十二月。從征朝鮮。同貝勒多鐸圍南漢山城。殲援兵八千。又敗其援兵五千。二年四月。

命議政。四年二月。隨英親王阿濟格。圍明塔山。連山。五年六月。隨睿親王多爾袞。屯田義州。九月。錦州兵夜襲我鑲藍旗營。同鎮國公屯齊。擊敗之。六年三月。以圍錦州時。不臨城。及私遣兵回。議削爵。

詔罰鍰。八月。

上征松山。大敗明總督洪承疇兵。洛託橫擊其潰軍於塔山。十一月。復圍錦州。七年。三月。隨鄭親王濟爾哈朗。駐蓉山。四月。克之。六月。任都察院承政。九月。同貝子博洛。尼堪。駐錦州。八年八月。家人都塔里。訐其陰事。勘實。上以其悖亂違法。重捷之。削爵。幽禁。順治八年三月。復封三等鎮國將軍。十三年五月。諭吏部。三等鎮國將軍洛託。當太宗時。曾犯大罪。因愛其才。且係宗室。特加寬宥。令値國家用人之際。久令閒住。深爲可惜。著補授鑲藍旗滿洲都統。時川寇餘孽孫可望。李定國。馮雙禮。並叛賊岳州總兵馬進忠。均受明桂王朱由榔封爵。可望據黔。擾湖南。十四年四月。

命洛託爲寧南靖寇將軍。駐防荊州。與經畧洪承疇商度勦撫。至則遣兵攻取心潭監。斷巴東渡口。可望所屬偽總兵趙世超。偽副將趙三才等降。十二月。可望與定國內訌。戰不勝。亦來降。

命同都統濟席哈。由湖南進取貴州。十五年三月。會承疇師於常德。抵辰州。收復沅陵。瀘溪。麻陽。黔陽。溆浦諸縣。進軍沅州。進忠遁。檄偏沅巡撫袁廓宇招撫靖州。並屯鎮遠二十里山口堵禦。是日雙禮遣僞總兵馮天裕、閻廷桂等先後自平越降。四月。大軍至貴州。由鄖之總兵羅大順復收潰卒。襲新添衛城。敗之。洛託與承疇守貴陽。十六年二月。凱旋。叙功。授雲騎尉。晉一等鎮國將軍。十七年七月。

命爲安南將軍同尚書車克。內大臣達素。都統索渾。征海寇鄭成功大破賊衆十一月師還康熙四年四月卒年五十

初次襲富達禮原封貝子洛託第七子康熙四年九月襲洛託軍功所得騎都尉世職十二月改降襲奉恩將軍八年七月晉一等輔國將軍二十三年正月任頭等侍衞二十五年四月授散秩大臣十一月以詔領侍衞內大臣索額圖

恃勢致富爲其從弟蘇起所訐。削爵。爵除。

固山貝子傅喇塔傳

傅喇塔。

顯祖宣皇帝曾孫。追封靖定貝勒芬古第四子。順治二年二月。封輔國公。十一月。隨順承郡王勒克德渾。征湖廣。凱旋。

賜金五十兩。銀千兩。五年九月。復隨鄭親王濟爾哈朗征湖廣。追勦至廣西。凱旋。

賜銀六百兩。六年十月。晉封固山貝子。十六年二月。以

朝參失儀降輔國公十八年三月復封固山貝
子康熙十三年六月逆藩耿精忠反
命爲寧海將軍偕奉命大將軍康親王傑書討之師至
浙江温州處州已陷王駐金華傳喇塔進師台
州十二月僞都督曾養性僞總兵陳理屯黃瑞
山擊之斬僞副將陳鵬等賊犯天台復破之紫
雲山九里寺山十四年八月養性與叛鎮祖宏
勳復犯台州遣副都統吉勒塔布自仙居襲其

後。疾馳至半山嶺。破偽都督劉邦仁。乘勝進攻黃巖。至黃土嶺。賊迎拒。大破之。遂圍其城。養性遁。偽副將朱鎮山以城降。進敗賊於上塘嶺。及小河渡。先後復太平、樂清、青田三縣。及大荆盤石二衛。十月。攻温州。敗賊於南江。十五年二月。賊水陸四萬餘犯我軍。遣吉勒塔布等分路迎擊。陣斬偽都督孫可得、偽總兵李節等三百餘員。賊二萬餘。初傳喇塔之攻温州也。始以侯紅

衣藏爲辭。繼云須戰船。康親王疏

聞

諭責其前後言互異。負委任。

命剋期取温。三月傅喇塔疏言。臣屢奉康親王檄促。心

恩惶惑。以致語言違謬。但臣前駐台州。王以俟

台州破。進鬬。臣得黄巖。又云俟取温州。以是責

臣。何辭相抵。今蒙

皇上寛恩。惟勒期速下温州。臣敢不力戰自効。但環温

菁木。我兵不能猝進。疏入。

命康親王量留兵鬧温州。親統大軍由衢州進取福建。

偽頒

諭曰。王貝子皆朕懿親。受任討賊。師克在和。近覽王貝子章奏。似不相和睦。嗣後務同心一志。合謀合力。以奏膚功。是月。傅喇塔亦留兵圍温州。偕吉勒塔布勦處州賊。以入閩。六月。師過三角嶺。濟甌江。將抵得勝山。養性等聯數百艘江中。復立兩營于對山及得勝山下之古溪分扼水陸遂遣吉勒塔布及總兵陳世凱等攻古溪伏兵林中邀賊歸路賊敗遇伏截殺賊船並對江營皆爲我漢軍殲碎水陸俱潰進師溫溪渡口敗僞都督馬成龍兵降其都司以下各僞官尋會康親王軍于衢州八月僞都尉連雲登據雲和縣石塘嶺遣副都統穆赫林連破二十八營殺賊七千餘復雲和九月大兵抵福建耿進忠降浙江諸寇悉

平。十一月。卒于軍。年五十有五。喪還。

特遣內大臣公頗爾盆至天津迎奠。諡曰惠獻。十七年

七月。

諭宗人府。貝子傅喇塔。係宗室懿親。躬履行間。勦禦賊

寇。撫綏兵民。勳猷懋著。積勞薨逝。深爲可憫。理應優

䘏。以示朕酬庸之意。不拘定例。著封其子富善。仍爲

固山貝子。次子福存。爲鎮國公。乾隆五年十二月。入

祀浙江賢良祠。六年四月。復入祀福建賢良祠。

十五年七月。以孫德沛襲封和碩簡親王。贈如其爵。
初次襲富善。惠獻貝子傅喇塔第三子。康熙六年正月。封鎮國公。十七年七月。襲封固山貝子。十九年十一月。任宗人府右宗正。二十四年九月。轉左宗人。二十九年十二月。以病乞解任。
諭責富善所行乖亂。有負眷念。交宗人府嚴行議處。削爵。

二次襲。福存。惠獻貝子傅喇塔第五子。康熙十七年七月。封鎮國公。三十年十月。襲封固山貝子。三十九年九月。卒。年三十有六。乾隆十五年七月。以子德沛。襲封和碩簡親王。贈如其爵。

三次襲。德普。貝子福存第二子。康熙三十九年十二月。降襲鎮國公。雍正元年四月。任宗人府右宗人。五月。轉右宗人。十月。授正黄旗滿洲都統。尋預議政。七年五月。卒。年四十有七。

四次襲。恒魯。鎮國公德普第一子。雍正七年八月。降襲輔國公。乾隆七年四月。授散秩大臣。十年二月。授正紅旗漢軍副都統。五月。授鑲藍旗護軍統領。十三年閏七月。授工部侍郎。十五年五月。授宗人府右宗人。九月。轉左宗人。二十四年六月。授綏遠城將軍。二十五年九月。調吉林將軍。三十四年正月。調
盛京將軍。三十七年正月。授內大臣。六月。卒。年五

十有一。謚曰恭慤

五次襲。興兆。恭慤輔國公恒魯第三子。乾隆三十年十二月。封二等輔國將軍。三十七年十月。襲封奉恩輔國公。尋授正藍旗護軍統領。是月。奉

旨興兆著授爲領隊大臣出征金川。旋授宗人府右宗人。三十九年。剿賊于當噶拉。得里。絨布寨。卡卡角。庚額特等處。九月。卽軍前授荆州將軍。四

十年大軍進征得楞替木斯丹當噶薩克薩谷甲雜獨古木等處與兆惠在事有功得頭等功牌六三等功牌二金川既平

命圖像

紫光閣

御製贊曰憶當國初創業開基宗室王公宣力率師

承平襲慶安亨榮華董軍建勳斯爲可嘉四十一

年二月回荆州任

固山貝子穆爾祜傳

穆爾祜

太祖高皇帝曾孫安平貝勒杜度第二子天聰九年五月

命隨貝勒多鐸率偏師入寧遠錦州界以牽制明俾毋援山西穆爾祜在事有功崇德元年封輔國公六年八月從

上圍松山明兵遁穆爾祜率騎兵追擊七年十月以懲

望削爵黜宗室順治元年十月隨豫親王多鐸南征破流賊李自成于潼關先後拔兩營賊犯我前鋒兵同叅領鄂博敗之我軍設伏近山賊自山來襲擊敗其衆二年二月復入宗室封三等鎮國將軍三年正月叙功晉一等鎮國將軍五月隨豫親王征蘇尼特部騰機思騰機特等有功四年三月復封輔國公六年正月大同總兵姜瓖叛

命同敬謹親王尼堪等討之。十月。晉封固山貝子。九年七月。復隨敬謹親王征湖南。
賜蟒衣。鞍馬。弓矢。師至衡州。敬謹諸王戰沒。
上命貝勒屯齊代其軍。穆爾祜合營。三月。明桂王朱由榔之秦王孫可望自寶慶與僞都督馮雙禮軍會。我師擊敗之。獲馬七百。十一年十月。議隨敬謹親王戰沒罪。削爵。

初次襲。長源。原封貝子穆爾祜第二子。順治十六年三月。降襲三等鎮國將軍品級。康熙三十四年九月。以病削爵。

二次襲。察爾岱。原襲三等鎮國將軍品級長源第四子。康熙三十四年十一月。降襲三等輔國將軍品級。雍正十一年八月卒。年四十有五。

三次襲。諾爾博。三等輔國將軍品級察爾岱第三子。雍正十二年三月。降襲三等奉國將軍品級。乾隆二十五年十一月。以病乞休。二十六年十二月卒。年四十有三。

四次襲。鳳文。三等奉國將軍品級諾爾博第四

子。乾隆二十五年十二月降襲奉恩將軍品級。

四十年十一月。授三等侍衛。五十年二月授護

軍參領。

固山貝子特爾祜傳

特爾祜。

太祖高皇帝曾孫。安平貝勒杜度第三子。崇德四年八月。封輔國公。六年三月。隨大軍圍錦州。敗明兵于松山杏山間。七年三月。明總兵祖大壽降。特爾祜移師駐塔山。尋克之。十月。以怨望削爵。黜宗室。順治元年四月。隨睿親王多爾衮入山海關。破流賊李自成。追擊至望都。十一月。隨豫親

王多鐸敗流賊于潼關二年二月復入宗室封輔國公十月敘功

賜金五十兩銀二千兩六年十月晉封固山貝子十五年三月卒年四十謚曰恪僖

初次襲噶爾哈圖恪僖貝子特爾祜第二子順治十八年七月降襲鎮國公康熙二年十一月卒年十有一

二次襲登塞恪僖貝子特爾祜第三子康熙三

年三月降襲輔國公十二年六月登塞以貝子

之子應襲鎮國公呈請改襲得

旨登塞著授爲鎮國公六十一年十二月任宗人府左

宗人雍正元年三月以老乞休二年九月卒年

七十有一謚曰恪恭

三次襲瑟爾臣恪恭鎮國公登塞第十一子康

熙五十五年正月授三等侍衛四月封三等鎮

國將軍五十七年五月授頭等侍衛雍正二年

十二月降襲輔國公四年二月任鑲藍旗蒙古都統四月任宗人府右宗人五年八月攝鑲紅旗漢軍都統九年三月管正白旗覺羅學乾隆五年十一月轉左宗人十五年八月卒年五十有六謚曰温信

四次襲額爾經阿温僖輔國公瑟爾臣第八子乾隆十五年十二月襲封奉恩輔國公二十年八月卒年二十

五次襲德明阿溫僖輔國公瑟爾臣第二子乾隆二十一年二月襲封奉恩輔國公三月授散秩大臣二十二年十月以庸懦削爵

六次襲德尊原襲奉恩輔國公德明阿第三子乾隆二十三年四月降襲三等鎮國將軍

欽定宗室王公功績表傳　卷十　三

固山貝子薩弼傳

薩弼

太祖高皇帝曾孫安平貝勒杜度第七子崇德七年十月以兄杜爾祜穆爾祜特爾祜怨望削爵黜宗室薩弼亦從坐順治元年四月隨睿親王多爾袞入山海關破流賊李自成二年二月復入宗室封輔國公三年正月隨順承郡王勒克德渾征流寇一隻虎於荆州屢敗賊衆凱旋

賜金五十兩銀千兩。初，大同總兵姜瓖叛，郡縣多應之。六年十月，同親王滿達海勦賊於朔州、寧武，並有功。十月，詔還京。晉封固山貝子。十二年二月卒，年二十有八，謚曰懷愍。

初，次襲固爾懷愍貝子薩弼第二子。順治十二年八月，降襲鎮國公。十五年三月卒，年六歲，謚曰悼愍。

二次襲巴爾門懷愍貝子啀弼第一子順治十八年七月襲封鎮國公康熙二十三年正月卒年三十有三

三次襲阿布蘭鎮國公巴鼐第三子康熙二十三年四月降襲輔國公五十七年四月授宗人府右宗人十月轉左宗人五十八年十二月任鑲藍旗滿洲都統五十九年四月

命議政六十一年十一月遷右宗正雍正元年三月奉

上諭公阿布蘭人謙和自
皇考任用以來所交事務一心勤慎効力著晉封爲多
羅貝勒二年五月以奏事不敬降輔國公五年閏
月坐擅以
玉牒底本私示隆科多削爵
四次襲法爾善鎮國公巴[illegible]孫三等輔國將軍
法布蘭第一子雍正五年五月襲封輔國公乾
隆五年閏六月卒年四十有七謚曰和慤

五次襲祿慶和懿輔國公法爾善第二子乾隆
五年十一月襲封奉恩 輔國公二十三年十一
月坐守護
陵寢儀樹不謹降三等鎮國將軍二十七年四月卒年
四十有二

六次襲倫成三等鎮國將軍祿慶第一子乾隆
二十七年九月襲封三等鎮國將軍

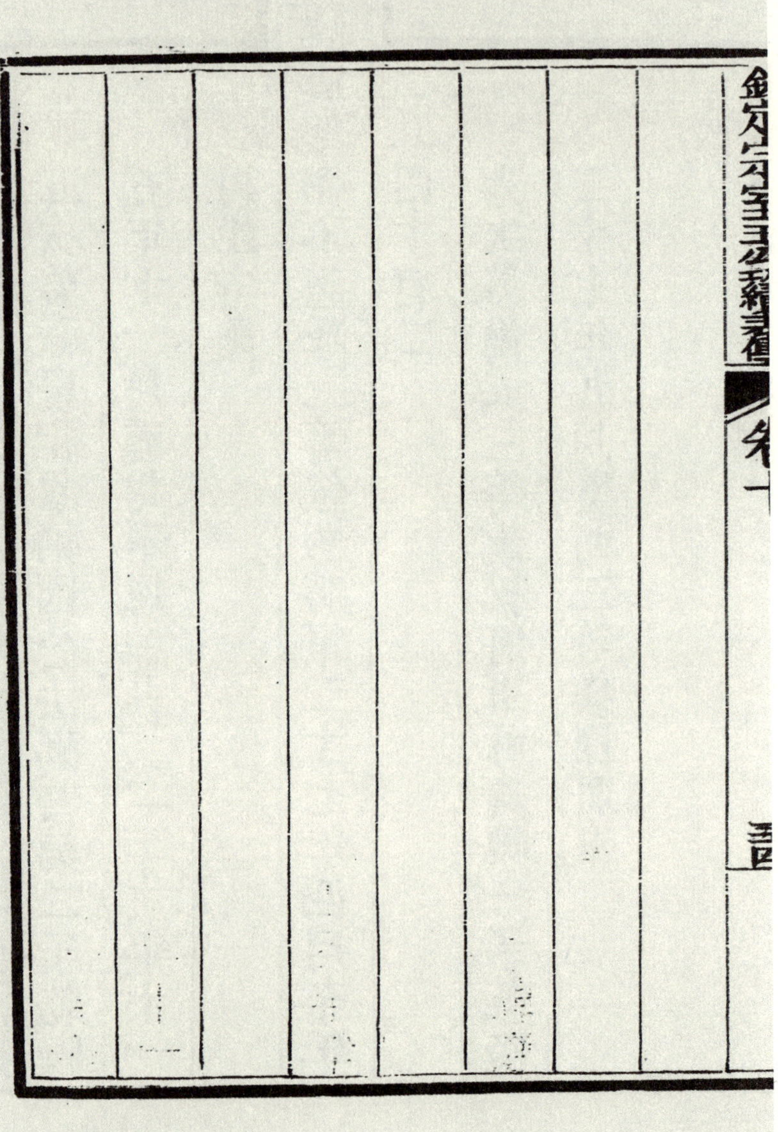

固山貝子蘇布圖傳

蘇布圖

太祖高皇帝曾孫追封賢懿貝子尚建第一子初封輔國公順治二年七月隨貝勒勒克德渾駐防江寧十二月移師征湖廣三年正月至武昌破流賊餘黨一隻虎等事詳順承恭惠郡王傳凱旋頒賚有功將士蘇布圖得賜金五十兩銀一千兩尋晉封固山貝子五年九月隨

鄭親王濟爾哈朗征湖廣。十二月。卒于軍。年二十有四。謚曰悼愍。爵除。

固山貝子溫齊傳

溫齊。

顯祖宣皇帝元孫鎮國公品級屯齊第一子。順治六年十月。封固山貝子。康熙十三年三月。授宗人府右宗人。四月。授鑲藍旗滿洲都統。是年。四川叛應逆藩吳三桂。

命隨定西大將軍貝勒洞鄂。由陝西進征。時陝西提督王輔臣叛。大軍駐漢中。敗賊于仙逸關。復關山

闕及秦州禮縣追勦至西河復清水伏羌事詳

信郡王傳十六年二月

上以洞鄂等久屯平凉無功削洞鄂爵温齊降輔國公

革都統及右宗人嗣三桂陷湖南安遠靖寇大

將軍貝勒尚善規復岳州九月

命温齊統京兵往參贊軍務十七年六月敗賊于柳林

觜君山八月尚善卒於軍貝勒察尼代仍以温

齊爲參贊十月敗賊於陸石口進擊岳州克之

十八年正月温齊追逸賊吳應麒至二百餘里

以來擒纍具引還應麒遁且虛報陣斬僞官兵

五千餘數事聞

上命察尼嚴取供詞七月察尼以其詞奏

諭曰國家軍法嚴明並無虛僞多報首功之事温齊乃

有罪之人不思効力自贖岳州徒步奔逸之寇不即

窮追且殺賊不過三百餘人與原疏逈異削爵罷㕘

贊爵除

欽定宗室王公功績表傳卷十

欽定宗室王公功績表傳卷十一

傳九 鎮國公 輔國公

鎮國公阿拜傳

阿拜

太祖高皇帝第三子。天命十年十月與弟塔拜、巴布泰征東海北路呼爾哈部，俘千五百戶。師還，

上出城迎勞，尋授騎都尉。天聰八年四月晉授三等男。

崇德三年七月任吏部承政。四年八月封三等

鎮國將軍。六年十月。

命往錦州南乳峰山駐防。八年八月。以老罷。承政任。順治四年九月。晉二等鎮國將軍。五年十二月。卒。年六十有四。十年五月。追封鎮國公。謚曰勤敏。初。

次襲輩安勤敏鎮國公阿拜第六子。順治三年十一月。封奉恩將軍。五年三月。襲封二等鎮國將軍。六年十月。晉封輔國公。康熙二十年五月。卒。年五十有四。爵除。

鎮國公巴布泰傳

巴布泰。太祖高皇帝第九子。天命十年十月。征東海北路呼爾哈部。有功。十一年八月。命理正黃旗事。天聰四年三月。隨大貝勒阿敏。駐永平。明兵陷灤州。巴布泰不能禦。議罷職。八年四月。授副都統。五月。從大軍征明。克保安州。十一月。以巴布泰匿所獲。復議罷職。崇德六年五月。封三等奉國將軍。七年十一月。
命駐錦州。順治元年四月。隨睿親王多爾袞定京師。同
都統譚泰擊敗流賊。逐北至望都。二年正月。叙
功。晉一等奉國將軍。三年正月。隨貝勒勒克德
渾征湖廣。敗賊於安遠。南漳。西峰口。關王嶺。襄
陽府。四年九月。晉三等輔國將軍。尋晉封輔國
公。六年四月。同貝子務達海討大同叛鎮姜瓖。
十月。晉封鎮國公。十二年正月卒。年六十有四。

謚曰恪僖。

初次襲祜錫祿，恪僖鎮國公巴布泰第三子。順治十三年九月降襲三等鎮國將軍。康熙三十四年十月，以庸劣削爵。

二次襲富良，原襲三等鎮國將軍祜錫祿第一子。康熙二十六年三月封三等輔國將軍。三十四年十月改降襲三等輔國將軍。三十九年六月卒，年二十有八。

三次襲。尼雅翰。三等輔國將軍富良第二子。康熙三十九年七月。降襲三等奉國將軍。雍正五年五月卒。年三十有七。

四次襲。佛照。三等奉國將軍尼雅翰第四子。雍正六年十月。降襲奉恩將軍。九年正月卒。年十有二。

五次襲。多義。三等奉國將軍尼雅翰第五子。雍正十年九月。襲封奉恩將軍。乾隆十六年九月授佐領。四十一年十二月卒。年五十。

六次。襲恩額穆。奉恩將軍多義第三子。乾隆四十二年四月。授佐領。七月襲封奉恩將軍。

欽定宗室王公功績表傳　卷十一　四

鎮國公漢岱傳

漢岱。

顯祖宣皇帝孫追封誠毅勇壯貝勒穆爾哈齊第五子。

天聰八年十二月授騎都尉尋封一等奉國將

軍崇德二年四月預議政六年八月從

上圍松山敗明總兵吳三桂等漢岱率所部追擊大破

之七年十月隨貝勒阿巴泰攻明薊州河間景

州克兖州十二月卽軍前授兵部承政八年六

月凱旋

賜銀二百緞六順治元年四月隨睿親王多爾袞定京師敗流賊李自成叙功晉三等鎮國將軍十月隨豫親王多鐸南征破流賊於潼關二年二月同副都統伊爾德率兵由南陽趨歸德克州一縣四四月渡淮克揚州獲船百餘十月

賜金二十五兩銀千三百兩三年正月任鑲白旗滿洲都統五月同貝勒博洛趨杭州追擊明魯王朱

以海於台州是月晉一等鎮國將軍十一月同
博洛進兵福建破明唐王朱聿鍵之總兵師福
于分水關入崇安斬其巡撫定興化漳州泉州
敘功晉輔國公五年四月
命同貝子屯齊征陝西逆回會總督孟喬芳已擊斬米
喇印丁國棟漢岱旋赴英親王阿濟格軍戍大
同六年七月隨親王滿達海剿賊朔州寧武克
其城移師攻遼州賊迎戰大敗之並降屯留襄

垣、榆社、武鄉等縣。七年十二月，任吏部尚書兼
攝正藍旗滿洲都統。八年二月，調刑部尚書。三
月，以不陳奏英親王私藏兵器事，削世職，罰鍰。
五月，晉鎮國公。九年四月，復調吏部尚書。七月，
隨敬謹親王尼堪征湖南。
賜蟒衣、鞍馬、弓矢。十一月，敬謹親王戰沒。
命貝勒屯齊代其軍。漢岱合營。十年三月，擊敗明桂王
朱由榔之秦王孫可望等兵。十一年十月，追議

隨敬謹親王戰沒。罪削爵。十二年正月。復任吏
部尚書。二月。加太子太保。八月。封鎮國將軍品
級。十三年四月。以河西務鈔關員外郎朱世德
虧課萬餘兩。戶部援
赦免罪。吏部亦弗置議。廷議解漢岱任。得
旨。漢岱於湖南失事。情罪重大。考之成憲。即應正法。朕
念係宗室。姑從寬免。且加任用。乃不思感奮報効。圖
蓋前愆。反依阿蒙蔽。負朕大恩。本當重處。復念宗室。

姑從寬著革任。削太子太保鎮國將軍級爵除。

鎮國公聶克塞傳

聶克塞。

太祖高皇帝孫。鎮國將軍湯古代第一子。崇德五年九月。第三等奉國將軍穆爾察。襲父鎮國將軍爵。遂以聶克塞襲弟爵。七年十一月。隨豫郡王多鐸。略寧遠。明兵迎拒。敗之。順治元年二月。隨睿親王多爾袞。定京師。追擊流寇於望都。二年正月。叙功。晉三等奉國將軍。四年九月。晉一等奉國將軍。六年十月。晉封鎮國公。初聶克塞以貝子額克親子爲嗣。八年二月。額克親獲罪削爵。聶克塞乃妄奏與額克親不協。三月。降輔國公。九年六月。家人哈爾巴許以私餽出妻衣物。降三等鎮國將軍。康熙四年二月卒。年六十五。爵除。

鎮國公恭阿傳

恭阿

顯祖宣皇帝曾孫。原封貝勒阿敏第四子。阿敏得罪。恭阿廢爲庶人。後復入宗室。順治五年九月。隨鄭親王濟爾哈朗征湖廣。六年正月。大軍抵長沙。擒明桂王朱由榔之總督何騰蛟。進勦廣西。分兵定道州。黎平府。先後克六十餘城。恭阿俱在事有功。十月。封鎮國公。十一月。卒於軍。年二十有六。

初次襲法塞鎮國公恭阿第一子。順治八年閏二月降襲輔國公。康熙四十九年正月卒。年六十有四。

二次襲阿裕爾輔國公法塞第二子。康熙二十年正月封三等奉國將軍。四十九年十月改降襲三等奉國將軍。五十八年八月卒。年五十有三。

三次襲蘇赫訥。三等奉國將軍阿裕爾孫。閒散

宗室德色勒第一子。康熙五十八年十二月。降

襲奉恩將軍。雍正二年七月。卒。年十歲。爵除。

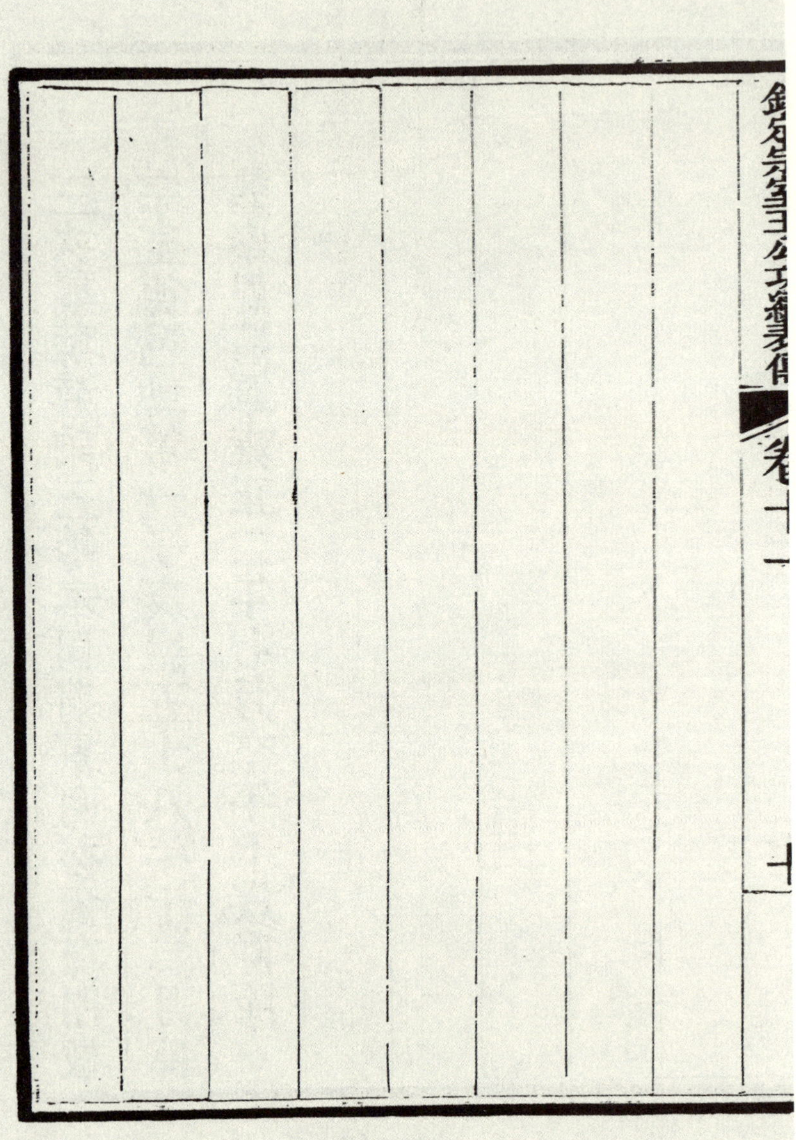

欽定宗室王公功績表傳　卷十一　十

鎮國公品級屯齊傳

屯齊。

顯祖宣皇帝曾孫。追封恪僖貝勒圖倫第二子。崇德元年五月。隨武英郡王阿濟格。征明有功。四年五月。隨鄭親王濟爾哈朗略明錦州。松山。杏山。力戰被創。常賚外加

賜銀百兩。八月。封輔國公。五年六月。隨睿親王多爾袞圍明錦州。明兵夜襲我鑲藍旗營。擊敗之。嗣以

不臨城。及私遣兵。同議削爵。

詔從寬罰鍰。六年八月。從

上征明。敗明于錦州。塔山。十一月。復隨睿親王圍錦州。

順治元年十月。晉封固山貝子。尋隨豫親王多

鐸破流寇。平陝西。河南。並有功。二年四月。

賜圓補紗衣一襲。五月。隨豫親王下江寧。與貝勒尼堪

等。追明福王朱由崧。至蕪湖。擒之。十月。凱旋。

賜金百兩。銀五千兩。鞍馬一。是年。授鑲藍旗滿洲都統。

三年正月。隨肅親王豪格。西征。五月。破流賊賀珍等。解漢中圍。敗二隻虎孫守法。於漢陰。復興安。五年四月。陝西逆回犯鞏昌諸郡。

命爲平西大將軍。同輔國公漢岱。討之。會總督孟喬芳已擊斬米喇印。丁國棟。屯齊還赴英親王阿濟格軍。駐大同。六年十月。晉封多羅貝勒。流賊張獻忠餘黨孫可望。李定國等。附明桂王朱由榔擾湖南。九年七月。屯齊隨敬謹親王尼堪。征之。

十一月。敬謹親王戰沒。

詔屯齊爲定遠大將軍。時定國及由榔將馬進忠。四萬餘衆在永州。大軍至。定國度龍虎關遁。可望率兵來靖州。僞都督馮雙禮來武岡州。遂進師寶慶。至周家坡。雙禮進忠等據險抗我師。會暮。天雨。列陣相拒。是夜可望。自寶慶以兵來合。衆號十萬。屯齊分兵縱擊。大破之。捷聞。得

旨嘉獎。十一年十月。議隨敬謹親王戰沒罪。削爵十二

年八月封鎮國公品級。十五年正月。隨信郡王

多尼征由榔于雲南。薄其城。定國挾由榔奔永

昌。餘衆悉降。師還。康熙二年六月卒。年五十。

初次襲富爾泰。鎮國公品級。屯齊第二子。康熙

二年八月。降襲輔國公品級。十六年八月。任宗

人府右宗人。二十二年三月。降三等鎮國將軍

品級。四十年六月卒。年五十有八。

二次襲彭齡。鎮國公品級。屯齊曾孫。初屯齊第

五子原任二等侍衛謨啓生德成額任三等侍衛彭齡德成額第四子也乾隆四十三年三月

諭以鎮國公屯齊著有勞績

賜一等奉國將軍爵世襲罔替以彭齡襲封十一月授頭等侍衛

輔國公塔拜傳

塔拜。太祖高皇帝第六子。天命十年十月。征東海北路呼爾哈部有功。尋授三等輕車都尉。天聰八年四月。晉一等輕車都尉。尋封三等輔國將軍。崇德四年九月卒。年五十有一。順治十五年五月。追封輔國公。諡曰慤厚。康熙五十二年四月。塔拜曾孫正白旗漢軍副都統楚宗奏塔拜於

太祖高皇帝時建立功績懇請撰文立碑從之

初次襲額克親懿厚輔國公塔拜第二子崇德元年五月隨武英郡王阿濟格征明進偪北京明兵自涿州來拒親陷陣破之四年八月封三等奉國將軍九月襲封三等輔國將軍五年六月隨睿親王多爾袞攻明錦州十一月隨貝勒多鐸追擊明兵於塔山六年八月

上征明錦州敗明總督洪承疇兵十三萬移營近松山

掘壕環困之敗軍夜突
御營額克親同內大臣錫翰等嚴守以拒敵敗卻十二
月叙功
賜銀八十兩順治元年四月隨睿親王定京師有功二
年三月晉二等輔國將軍四年九月晉一等輔
國將軍尋封輔國公六年十月晉封鎮國公七
年八月任正白旗滿洲都統晉封固山貝子八
年二月以御前大臣羅什博爾惠諂媚睿王造

言搆釁伏法額克親坐附和削爵黜宗室九年二月復入宗室任內大臣十二年正月卒年四十有七爵除

輔國公賴慕布傳

賴慕布。

太祖高皇帝第十三子。天聰八年四月。授騎都尉。崇德四年九月。預議政。七年二月。隨武英郡王阿濟格征明。敗寧遠兵。十月。

上御篤恭殿。宴賚武英郡王。不俟賞先歸。賴慕布坐失勸阻。革世職。罷議政。是月。又議隨武英郡王駐高橋時。會

敏惠恭和元妃喪武英郡王令鎮國公扎喀納于帳
內歌舞賴慕布坐容隱應黜宗室
上免之八年七月奉
特旨凡戮力行間勤敏素著者准令其部下人自行採
參賴慕布下五十人與焉順治二年二月封奉恩將
軍三年五月卒年三十有六十年五月追封輔
國公謚曰介直
初次襲來祜介直輔國公賴慕布第一子順治

三年六月襲封奉恩將軍。尋晉三等鎮國將軍。
八年閏三月晉封輔國公。康熙八年五月以才
力不及削爵。
二等奉恩將軍來祜孫二等侍
衛愛珠第三子。雍正十三年九月。
今上御極。奉
諭旨。

太宗子孫內從前或係本支無人未經封爵或別有事故革退未襲者著宗人府查奏宗人府以賴慕布後裔係閒散宗室並無官爵具奏乾隆元年五月奉

旨扎坤泰承襲奉恩將軍二十二年三月卒年四十有六

三次襲承武奉恩將軍扎坤泰第一子乾隆二十二年七月襲封奉恩將軍二十八年十月卒

年三十有四。爵除。

輔國公瑪瞻傳

瑪瞻。

太祖高皇帝孫。禮烈親王代善第六子。天聰九年五月。隨貝勒多鐸從廣寧入寧遠錦州。界牽制明兵。俾毋援山西。敗明兵於大凌河西。陣斬副將劉應選。追奔及松山城。克一臺。瑪瞻並在事有功。崇德元年五月。隨武英郡王阿濟格。征明。至安州。連克十二城。九月凱旋。

上行郊勞禮設大宴瑪瞻預

賜金卮酒是年封輔國公三年八月隨貝勒岳託征明

由牆子嶺毁邊城入敗明總督吳阿衡兵連克

臺堡越北京趨山東十一月卒於軍年二十有

七無嗣四年四月櫬歸

上遣貝子及大臣等奠酒

賜銀二千兩鞍馬各一爵除

輔國公巴穆布爾善傳

巴穆布爾善。

太祖高皇帝孫追封慤厚輔國公塔拜第四子崇德元年十二月從

上征朝鮮敗其兵于陶山四年九月兄三等奉國將軍額克親襲父輔國將軍遂以巴穆布爾善襲兄爵順治元年四月隨睿親王多爾袞定京師破流賊有功二年三月晉二等奉國將軍四年九

月晉一等奉國將軍。六年十月。晉三等鎮國將軍。八年閏二月。晉封輔國公。康熙四年三月。任領侍衛內大臣。六年二月。擢秘書院大學士。九月。充纂修

世祖實錄總裁。八年五月。議巴穆布爾善結黨行私等罪二十一款。伏誅。子黜宗室。爵除。六月。

諭宗人府自順治十八年後宗室有犯罪革除宗室者。著將原案情節查明具奏。尋宗人府奏革退宗室內

巴穆布爾善係與鰲拜結黨情罪重大其子郭禮博禮七十五觀音保革去宗室之處應毋庸再議得

旨巴穆布爾善之子本應依議念係宗室朕心不忍俱着爲閒散宗室

輔國公巴爾堪傳

巴爾堪。

顯祖宣皇帝曾孫。鄭獻親王濟爾哈朗第四子。順治十一年十二月。封三等輔國將軍。康熙十三年四月。

命同鎮東將軍拉哈達鎮兗州。巴爾堪署副都統。六月。

詔率蒙古兵赴江寧。八月。以逆藩耿精忠賊黨由饒州犯徽州。

詔江寧將軍額楚偕巴爾堪進剿巴爾堪先驅九月至
旌德聞賊據績溪疾進度徽嶺賊千餘迎戰敗
之額楚繼至並抵績溪賊衆環逼合兵擊逐十
餘里斬三千餘級復徽州剿賊黟縣至董亭橋
賊五千拒阻擊之悉遁别賊千餘越山來援復
敗之陣斬僞遊擊魏澄僞千總翁達等十一月
進師婺源休寧賊據奇台嶺擊走之趨黄茅新
嶺賊三千餘據木柵拒令步兵分攻嶺左右騎

兵攻中。斬五百餘級。賊盡棄甲仗遁。復縣城。歸之樂平縣段家村叛將陳九傑。糾賊八千餘拒。敗竄入縣。即樹梯登城。攻復之。餘賊據鄱陽雲吉峰下。搜捕百餘級。復饒州。十四年四月。進攻萬年縣之石頭街。賊四萬餘。斷渡口。巴爾堪與額楚。水陸並進。破賊五十七營。斬五千餘級。擒九傑。獲船二百餘。趨安仁縣。賊八千餘。駕船遁。風逆泊岸。巴爾堪追及。賊棄礮焚船竄。又殄其擊敗齊爪郎諸賊于南頓山。五月至貴溪。賊奔。
復縣城。至弋陽。偽總管蔣德轄。以木石壘斷西
岡橋。立木柵城北。賊五萬爲九營。偽總兵柯昇
以賊五千自廣信趨救。別立六營。巴爾堪同額
楚分隊夾擊。斬溺二萬餘。擒偽遊擊張二奇。都
司張明德等。八月。攻永豐賊于金石山。陣斬偽
都司李定等。偽總兵何起先。以賊六千餘據玉
山。偽遊擊林二瞻。以賊五百餘掠鉛山。又掠浙

江之閩逆餘黨八千自江山常山犯玉山巴爾堪先後擊斬無算十六年正月隨簡親王喇布征吉安與吳逆偽帥韓大任戰于螺子山失利議創爵戴罪圖功同額楚進征廣東九月剿賊韶州蓮花山陷陣中創裹創力戰大破賊十九年八月簡親王統師廣西

上諭王進征時宜以巴爾堪總統營伍俾立功自効十月創發自度不能痊語都統額赫納副都統幹

都海曰吾爲宗室不能臨陣死今創發勿令家
人以陣亡目功卒年四十有四喪還
上命內大臣宗室輝塞往奠二十二年四月
上以巴爾堪出征有年隨處奮身前進傷亡可憫下部
議卹復輔國將軍雍正元年正月追封輔國公
賜諡武襄立碑紀功乾隆十七年十二月孫奇通阿襲
封和碩簡親王贈如其爵
初次襲巴賽武襄輔國公巴爾堪第一子康熙

三十一年四月封三等奉國將軍。三十四年三月任鑲藍旗漢軍副都統。三十五年二月從
上征噶爾丹。五月至克魯倫河。同平北大將軍馬思喀率兵追寇至巴顏烏蘭而還。三十六年十月調正黃旗蒙古副都統。三十八年八月罷任。五十四年三月復授正紅旗蒙古都統。五月調鑲紅旗滿洲副都統。十一月遷正紅旗蒙古都統。五十七年七月署黑龍江將軍。

世宗憲皇帝御極實授寧古塔將軍雍正元年正月奏
陳父巴爾堪勞績請
賜碑文得
旨俞允追封輔國公爵以巴賽襲二年二月
名來京四年六月授振武將軍赴阿爾台軍營旣至奏
請令前鋒統領穆克登率察哈爾兵於特斯駐
牧副將軍貝勒博貝率喀爾喀兵於特斯河駐
牧前鋒統領定壽率蒙古兵於扎布罕駐牧均

俟降雪後撤回。從之。五年十月。

詔遣大臣于來年赴阿爾台更代。十二月。以喀爾喀郡王丹津多爾濟。奏巴賽辦事妥協。管兵整飭。

詔仍留駐防。七年三月。

命靖邊大將軍傅爾丹勦禦噶爾丹策夌。以巴賽爲副將軍。八年五月。

召傅爾丹來京籌議軍務。其大將軍印以巴賽暫護。九年四月。同傅爾丹進駐科布多。六月。噶爾丹策凌斜賊三萬來犯傅爾丹偕巴賽至扎克賽河獲賊二十餘人訊之詭言賊不滿千在察罕哈達遊牧尚隔三日程傅爾丹遂進至庫列圖嶺賊據險阻我軍傅爾丹令移營和通呼爾哈諾爾賊兵二萬伏山谷伺我軍甫移突出蒙古兵俱潰散收滿洲兵四千設方營護輜重退渡哈爾哈納河登山列陣賊衆復躡至傅爾丹趨右仍回科布多巴賽同副將軍查弼納趨左越嶺

至河濱力戰沒於陣年六十有九尋陷賊之正
紅旗前鋒校薩明阿脱歸得巴賽與查窮納陣
沒狀
上諭廷臣曰準噶爾賊衆侵犯北路將軍等急欲滅此
朝食忿激迎擊倉猝失利此皆國家養育多年之人
朕遴選任用冀其大樹功勳重邀爵賞伊等亦以世
受國恩竭力捐軀雖誤墮狡計而矢死効忠情殊可
憫

賜卹如例。謚曰襄愍。入祀昭忠祠。乾隆十七年十二月。

子奇通阿。襲封和碩簡親王。贈如其爵。

二次襲。奇通阿。襄愍輔國公巴賽第十子。雍正

四年八月。封三等輔國將軍。九年十二月。襲封

輔國公。乾隆十七年十二月。襲封和碩簡親王。

別詳鄭獻親王傳後。

三次襲。經訥亨。簡親王奇通阿第二子。兄豐訥

亨襲父爵。別有傳。乾隆三十年六月。

諭曰。從前因奇通阿襲封簡親王。銷去其原襲公爵。近閲宗室王公表傳。奇通阿之王爵。係按派應襲。而其公爵。係伊祖父積有軍功。相繼陣亡所遺。不可泯沒。且豐訥亨頻年出征。頗著勞績。曾給雲騎尉世職。亦因已襲王爵銷去。朕追思伊先世功勳。又念豐訥亨近日勞績。所有從前銷去公爵。著宗人府帶領豐訥亨。近派子弟。引見請旨承襲。七月

命經訥亨襲封輔國公。四十年十一月卒。年三十有

三。

四次襲。積拉堪。輔國公經訥亨第一子。乾隆四十一年五月。襲封輔國公。四十三年十二月。授散秩大臣。

輔國公品級扎喀納傳

扎喀納。

顯祖宣皇帝曾孫。贈貝勒扎薩克圖第一子。崇德三年八月隨睿親王多爾袞征明。分兵八道。扎喀納趨臨清州。渡運河。破濟南府。還破天津衛所向有功。四年四月師還。

賜駝一。馬一。銀二千兩。是年。封鎮國公。時內大臣多爾濟下有蒙古及漢人自伊嚕逃。

命扎喀納等伺諸藩城屏城間未獲而還議削爵

詔從寬降輔國公六年八月從

上征明錦州明總督洪承疇以兵犯我鑲紅旗營擊敗

之師還敵襲我後相距僅百步扎喀納轉戰敵

驚遁明總兵吳三桂白廣恩王樸等沿海潛逃

同輔國公芬古追擊至塔山七年七月駐防錦

州九月還十月以駐高橋時遇

敏惠恭和元妃喪扎喀納從武英郡王歌舞爲樂坐

大不敬罪削爵黜宗室幽禁。順治二年二月。敘
從睿親王多爾袞定京師功。仍入宗室。授輔國
公品級。九月。同鎮國公傅勒赫駐江南。十一月。
隨貝勒勒克德渾征湖廣。凱旋。
賜金五十兩。銀千兩。五年十二月。隨郡王瓦克達赴英
親王阿濟格軍。駐防大同。六年九月。晉封固山
貝子。九年七月。隨敬謹親王尼堪。征湖南。
賜蟒衣。鞍馬。弓矢。至衡州。敬謹親王戰沒。

上以貝勒屯齊代其任。扎喀納合軍敗賊兵十萬於周家坡。十一年十月。議隨敬謹親王戰沒罪削爵。十二年八月。復授輔國公品級。十五年正月。隨信郡王多尼征明桂王朱由榔。於雲南抵貴陽沿途敗賊。降僞官劉之扶。王宗臣等百餘。馬步兵千餘。師進雲南省城。由榔遁。攻永昌克之。十六年閏三月。卒於軍。年四十有九。

初次襲。瑪喀納。輔國公品級扎喀納第五子。康

熙四年三月降襲三等鎮國將軍品級四十三年二月因校射不嫺削級

二次襲瑪商阿原襲三等鎮國將軍品級瑪喀納孫閒散宗室瑪稷第二子雍正七年閏七月授七品筆帖式十一年九月降襲三等奉國將軍品級乾隆四年十二月授護軍叅領十四年四月卒年四十有三

三次襲英祿三等奉國將軍品級瑪商阿第二

子。乾隆十四年十月。降襲奉恩將軍品級。乾隆四十年閏十月卒。年四十有一。

四次襲福亨額。奉恩將軍品級英祿第一子。乾隆四十一年十月。降襲雲騎尉品級

欽定宗室王公功績表傳卷十一

欽定宗室王公功績表傳卷十二

傳十 原封貝勒以罪黜宗室

和碩貝勒莽古爾泰傳

莽古爾泰。

太祖高皇帝第五子。歲壬子九月。從

上征烏拉克城六。莽古爾泰等請渡水擊。

上止之。曰。我且削其外城。無僕無以爲主。無民無以爲

君。遂燬所得六城。移駐富勒哈河。越日。於烏拉河建

木城留兵千守天命元年授和碩貝勒以齒序莽古爾泰爲三貝勒四年三月明總兵杜松等率師六萬出撫順關

上親總師迎擊莽古爾泰從至界藩設伏薩爾滸谷口明兵過將半尾擊之我師據界藩之吉林崖明兵營薩爾滸山以二萬衆來攻吉林莽古爾泰同大貝勒代善等以兵千衛吉林復合力攻薩爾滸山破之又破明兵于尚間崖時明總兵劉

纛出寬甸界棟鄂。
上命同代善等禦之至瓦爾哈什窩集擊敗明兵二萬
陣斬纛事詳禮烈親王傳八月從
上征葉赫圍其城其貝勒布揚古及弟布爾杭古降葉
赫平五年八月
上征明由懿路蒲河進明兵出瀋陽城者各引退
諭莽古爾泰領本部追之莽古爾泰遂率健銳百人追
殺總兵李秉誠副將趙率教兵越瀋陽城東至

渾河始返六年七月鎮江城降將陳良策叛投
明總兵毛文龍同代善遷金州民于復州十年
正月明葺城守旅順卩攻克之殲其衆十一月
率師援科爾沁解其圍十一年四月
上征喀爾喀巴林部
命代善諸貝勒略西拉木倫諸貝勒以馬乏不能進恭
古爾泰獨領兵夜渡擊之俘獲無算天總元年
五月攻明右屯衛又以偏師衛塔山糧運二年

十月從
上征明貝勒阿巴泰阿濟格先從龍井關入斬明漢兒
莊副將易愛等莽古爾泰偕貝勒多爾袞多鐸
至其守將遂以城降並招撫潘家口守備金有
光中軍范民良蔣進喬翌日
上統師克洪山口趨遵化莽古爾泰自漢兒莊合營敗
明山海關總兵趙率教兵擒其副將臧調元旋
奉

命赴通州視渡口是月大軍進薄京城明諸道兵入援屯廣渠門外莽古爾泰分遣護軍前行令阿巴泰阿濟格等攻之追殺至壕莽古爾泰與貝勒多鐸留後值明潰卒來犯擊殲之十二月從

上視薊州破明山海關援兵四年二月克永平遵化還與明兵遇敗之五年三月

命諸貝勒直言時政莽古爾泰奏曰讞獄據供詞以定是非未敢明知枉斷惟恐事久怠生臣與諸貝

勒大臣倍加策勵八月從

上圍明大凌河城正藍旗兵圍其南莽古爾泰軍其中

爲策應九月敗明監軍道張春總兵吳襄等援

兵事詳禮烈親王傳十月議莽古爾泰于

御前露刃大不敬罰銀萬兩撤五佐領歸公六年五月

從

上征察哈爾林丹汗遁移師征明歸化城略大同宣府

七月師還十二月薨年四十六

上臨哭丙夜始還翌日設
幄議祭奠事是夜乃
還宫九年十二月以所屬兮僧機追首莽古爾泰朋謀
不軌事削貝勒黜宗室爵除

多羅貝勒德格類傳

德格類

太祖高皇帝第十子。初授台吉。天命六年二月。大軍略明奉集堡。將旋。有小卒指明兵所在。德格類同台吉岳託碩託擊敗明兵二百。追逼明總兵李秉誠營。其衆二千潰遁。三月。同台吉寨桑古闌三岔河橋至海州。城中官民張樂輿迎德格類等。令軍毋擾民。奪財物。士皆登城宿。勿入民室。

次日安撫居民而還八年四月同台吉阿巴泰征喀爾喀扎嚕特部十一年十月復隨大貝勒代善征扎嚕特部是年封多羅貝勒天聰三年九月同貝勒濟爾哈朗等畧明錦州焚其積聚俘獲無算五年六月

命諸貝勒直言時政德格類奏曰國家要在愼選正直任以國事屏讒邪遠姦佞則賢不肖皆知取法臣等與諸貝勒皆以公正自持効忠竭力至讞

獄或刑罰不中請卽罷斥另選賢臣任法司則
政簡刑清國家何憂不太平七月初設六部
命理戸部事八月從
上圍明大凌河城正藍旗兵圍其南德格類軍其中爲
策應九月敗明監軍道張春總兵吳襄等援兵
事詳禮烈親王傳十月明總兵祖大壽降同貝
勒阿巴泰夜襲錦州擊斬甚衆事詳饒餘敏郡
王傳六年五月同貝勒濟爾哈朗等俘察哈爾

部衆於歸化城及黃河諸路。九月同貝勒岳託等拓疆自耀州展至蓋州迤南。七年六月攻旅順口克之。八年五月從大軍征明。六月招撫蒙古來歸戸衆。七月克獨石口。進攻赤城未拔。入保安州。會大軍于應州。師還。九年十月薨。年四十。

上臨哭。丙夜乃還。設幄而居。撤饌三日。諸貝勒大臣勸慰再三。始還宮。十一月。莽古爾泰既爲冷僧機所告。以大逆削爵。除籍。德格類其母弟。曾與謀。追削貝勒。黜宗室。爵除。

欽定宗室王公功績表傳　卷十二　七

多羅貝勒拜音圖傳

拜音圖。顯祖宣皇帝孫。追封篤義貝勒巴雅喇第三子。天聰八年四月。太宗文皇帝加恩宗室。授拜音圖三等子爵。與功臣同。六月。隨貝勒阿濟格。迎察哈爾來降之土巴濟農。九年十二月。授鑲黃旗都統。崇德元年五月。隨武英郡王阿濟格。征明。略保定府。攻安肅縣

克之九月師還十月同諸王大臣以所獲陳獻
篤恭殿前部臣差等以聞
上曰朕聞拜音圖不忘君上俘獲之時即簡選收藏携
歸進獻具見敬忱甚爲可嘉十二月從征朝鮮以騎
入其城收其輜重三年十月隨睿親王多爾袞
征明同都統圖爾格敗敵于董家口毀邊墻入
克青山關下城六年八月議拜音圖弟鞏阿岱
隨大軍圍錦州時臨陣退縮罪下王大臣會鞫

拜音圖拂袖出坐徇庇論死得

旨革職罷都統任並罰鍰尋率兵助睿親王軍于錦州

復同貝勒多鐸圍守松山七年六月復都統任

順治二年正月隨豫親王多鐸敗賊將劉方亮

于潼關是月封一等鎮國將軍三月

賜繡服一襲四月南征克揚州以舟師破其兵于江南

岸六月同貝子博洛攻下杭州十月敘功

賜金八十兩銀四千兩鞍馬一三年五月授三等公尋

隨豫親王擊敗喀爾喀部兵晉封鎮國公五年十一月晉固山貝子隨英親王阿濟格戍大同六年九月攻叛鎮姜瓖餘黨於沁州賊遁拔其城復圍僞道胡國鼎于潞安殲之十月晉封多羅貝勒九年三月以阿附睿親王削爵幽禁黜宗室爵除

多羅貝勒碩託傳

碩託。

太祖高皇帝孫。禮烈親王代善第二子。初授台吉。天命

六年二月從

上征明奉集堡。敗明兵二百。十年十一月。同貝勒莽古

爾泰等援科爾沁。解其圍。十一年四月。隨父大

貝勒代善征喀爾喀巴林部。十月征扎嚕特部。

有功。授貝勒。天聰元年正月。隨二貝勒阿敏等

征朝鮮定盟而還五月從

上征明大凌河圍錦州二年五月明守者棄錦州遁同

貝勒阿巴泰等墮其城四年正月大兵克明永

平灤州遷安

命同阿敏駐守五月明兵復圍灤州阿敏殺降者棄永

平歸六月議碩託不力阻偕歸罪削爵五年八

月從

上征明錦州明兵攻貝勒阿濟格營碩託同擊敗之傷

殷。

上親勞以金巵酌賜。九月。明兵趨大凌河。碩託擊敗明

監軍道張春兵。手復被創。七年正月。以力戰受

傷。

獎賜綵緞十。布百。八年七月。隨代善征明。自喀喇鄂博

攻得勝堡。克之。又擊敗朔州騎兵。八月。同貝勒

薩哈璘略代州。拔崞縣。分克原平驛。尋封固山

貝子。崇德元年十二月。從

上征朝鮮敗其援兵二萬餘於南漢山城二年四月同
武英郡王阿濟格攻明皮島克之三年八月同
鄭親王濟爾哈朗征明寧遠四年正月以僭上
越分降輔國公二月同武英郡王征明五月論
錦州寧遠功
賜駞馬各一五年六月隨睿親王多爾袞圍錦州嗣以
我軍離城遠駐又遣弁私歸
諭責之曰爾曾獲罪朕屢寬宥不思竭力効忠報朕屢

次宥罪之恩。反若事不關已。今後再罹于罪。任法司治之。必不爾宥也。廷議削爵。詔從寬罰鍰。尋復封固山貝子。八年八月。以同郡王阿達禮謀立睿親王伏誅。黜宗室爵除。

多羅貝勒延信傳

延信。

太宗文皇帝曾孫。肅武親王豪格孫。父猛峩封多羅溫郡王。傳子佛永輝。無嗣。傳弟延綬。坐行止不端。降貝勒。延綬子揆慧。降襲輔國公。坐昏庸削爵。延信。猛峩第三子。康熙二十六年正月。封三等奉國將軍。三十七年十二月。授二等侍衛。四十年十月。預議政。授正藍旗滿洲都統。四十五年十月以病解都統任五十二年四月復任都統五十七年十月隨貝子允禵征策妄阿喇布坦延信稱準噶爾與青海部世婚我軍衆寡青海知之準噶爾亦知之今年既未進兵我軍可無出戶駐劄允禵疏

聞

詔大軍駐西寧五十九年正月授平逆將軍由青海往平西藏八月擊敗策零敦多卜於布克河齊諾

郭勒綽瑪喇遂定西藏事

聞得

旨嘉奬。六十年六月。

諭宗人府。平逆將軍延信統領滿洲蒙古綠旗兵。過自古未到之烟瘴惡水。無人居住之絶域。殲滅醜類。平定藏地。克展勇畧。深屬可嘉。著封爲輔國公。六十一年十二月。攝撫遠大將軍事。尋授西安將軍。雍正元年二月。兄子揆慧。旣削爵議以延信襲。延

信故公爵遂晉封固山貝子八月敘功晉封多
羅貝勒五年九月回京十二月
上以延信與阿其那阿靈阿拉錫普奇蘇努等結黨在
西寧軍前又陰結允禵徇隱年羹堯後令伊進
藏防守托病遷延西安將軍任內不實心辦理
軍務亦未陳奏要事訓練不親往濫保官兵詢
以應否進藏輒云路有烟瘴畏懼出征進藏時
並侵帑十萬兩在

御前傲慢無禮種種罪惡盡行敗露。

命革貝勒。交王大臣逐欵嚴審定擬具奏。尋經王大臣

審訊延信罪凡二十欵。奏言黨援之罪七。一。延

信向與阿其那阿靈阿拉錫普奇等結爲黨羽。

與二阿哥爲敵。一。徇隱年羮堯不臣之心。一。在

西寧時陰與允禵交結。一。令伊進藏時托病遷

延鑽營年羮堯代伊解釋。一。延信原係阿其那

阿靈阿蘇努等黨。奉

旨交問伊反將無干之漢人路振揚舉出。稱阿其那樸實阿靈阿爲人傑與阿爾松阿結爲姻親。揑造逆言告知年羹堯希脱黨謀又大不敬之罪四。當

御前昂然伸足。

諭旨切責坐聽不跪聆。時屆

萬壽聖節不俟慶祝即起程回任。在西寧時不遵

諭旨將地方要務陳奏又欺妄之罪。假揑病狀扶杖

行走。及令署大將軍棄杖前往。負
恩之罪一。在將軍任內。不親加訓練。要結人心之罪一。
妄行保題官兵九十餘人。貪婪之罪一。進藏時
侵帑十萬兩入已。擾亂政事之罪一。混行痛
責士卒一。詢以應否進藏。輒云路有烟瘴。希圖
惑衆。失誤兵機之罪一。因青海用兵。擅調遠
處兵丁。幾致可危一。聞賊寇臨邊。擁兵不發。迨
新城子失陷後。始發兵一。拏到逆賊阿拉布坦

溫布屬下蒙古七人並不究審竟行釋放罪凡二十欵供狀明白請按律斬決得

旨延信從寬免死著監禁黜宗室爵除

欽定宗室王公功績表傳卷十二

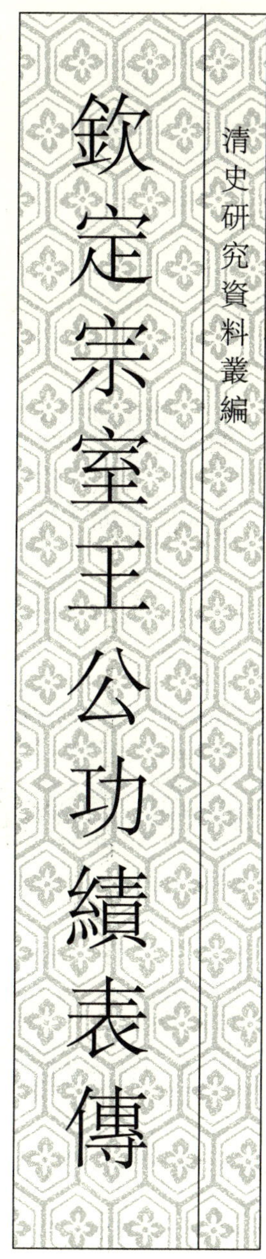

1

中華書局

圖書在版編目（CIP）數據

欽定宗室王公功績表傳：全2冊．—北京：中華書局，2015.10
（清史研究資料叢編）
ISBN 978-7-101-11236-8

Ⅰ．欽…　Ⅱ．貴族—列傳—中國—清代　Ⅲ．K820.49

中國版本圖書館CIP數據核字（2015）第222004號

責任編輯：陳利輝　李　佳
封面設計：周　玉

微信

新浪微博

清史研究資料叢編

欽定宗室王公功績表傳

（全二冊）

*

中 華 書 局 出 版 發 行
（北京市豐臺區太平橋西里38號　100073）
http://www.zhbc.com.cn
E-mail:zhbc@zhbc.com.cn
北京祖龍古籍膠印裝訂廠印刷

*

787×1092毫米　1/16・55⅝印張
2015年10月第1版　2015年10月北京第1次印刷
定價：1200.00元

ISBN 978-7-101-11236-8

出版説明

清代是我國最後一個封建王朝，雖然在西方工業文明的劇烈衝擊下無可挽回地日漸走向衰落，但政治、經濟、文化、學術等各方面，汲取了前代的積纍，而臻於極致。因此，湧現出的典籍數量遠超前代。再加上西方新的印刷技術的傳入，以及距離現今較近等緣故，故保留下來的文獻亦是浩如煙海。

清亡之後，人們便開始着手相關文獻的整理。新中國成立後，清代文獻的整理出版工作更是取得了巨大的成績。迄今爲止，清代的文集、筆記、日記、檔案、方誌以及各種專題資料等已有大量出版，影印存真者有之，點校排印者有之。中華書局作爲我國歷史悠久的一家有影響力的大型出版單位，自成立至今，也一直關注並出版了不少清代文獻，如民國時期出版過《清史纂要》（劉法曾著）、《清朝全史》（［日］稻葉君山著，但燾譯）、《清史列傳》（中華書局編）等。新中國成立後，中華書局繼續推出《清代通史》（蕭一山著）、《清代檔案史料叢編》、《清實録》、《光緒朝硃批奏摺》等書，其中不少屬大型影印文獻。

爲適應新形勢下清史研究的需求，我們有責任有義務進一步推進清史研究資料的整理出版工作，爲此，我們策劃了「清史研究資料叢編」這一叢書出版方案，揀擇史料價值高的珍稀文獻納入本叢書，題材、領域不限。

本書所收爲《欽定宗室王公功績表傳》十二卷首一卷，清嘉慶武英殿刻本。纂修機構爲國史館。

本書卷首總目之後有乾隆二十九年（一七六四）九月二十六日、乾隆四十三年（一七七八）正月初十日、乾隆四十三年三月初二日、乾隆四十六年（一七八一）十一月二十六日四篇上諭，次爲御製文、御製詩若干，次正文。

據卷首乾隆二十九年九月二十六日上諭，「宗室中封授王公顯爵者……而其中惟著有軍功之王公等，當國家開基定鼎時，宣猷效績，載在宗盟」，其受封本末，事具實録、國史，然「簡牒尊藏祕府，未便輕事披檢，重以紀載體例，不越因事繫年，難免後先參互，於一王一公之事蹟，未經裒彙成編，其令大學士會同宗人府，於實録、國史内……凡立功之端委、傳派之親疏，一一悉心采訂，分繕成帙進呈，以備觀覽」，亦以彰顯其功績，昭示來許，「使奕世子孫，觀感奮發，競知鼓勵」，支派遠近，易於稽考。

據《中國古籍善本書目》，除此本外，尚有清乾隆抄本、清抄本，唯前者無「首一卷」。

本書從國史、實録等史料中勾稽索隱，將清代宗室中以軍功顯著者的封爵世系、傳記等裒輯編纂，對於清代八旗歷史的研究等具有一定的參考價值。

中華書局編輯部

二〇一五年九月

第一冊目録

欽定宗室王公功績表傳十二卷首一卷（之一：卷一至五）

卷二

欽定宗室王公功績表傳十二卷首一卷

（之一：卷一至五）

清嘉慶武英殿刻本

欽定宗室王公功績表傳目錄

欽定宗室王公功績表傳卷首

諭旨

乾隆二十九年九月二十六日

上諭宗室中封授王公顯爵者。或有伊等先世建立豐功。是以寵列勳階。世襲罔替。或有分屬天潢本支。誼當出就外府。錫之崇秩。俾備屏藩。而其中惟著有軍功之王公等。當國家開基定鼎時。宣猷効績。載在宗盟。若不爲之追闡成勞。

昭示來許將傳世滋久不惟伊等功績莫彰無以使奕世子孫觀感奮發兢知鼓勵甚至支派遠近漸亦難於稽攷即如顯親王康親王簡親王信郡王順承郡王平郡王及軍功所封公等其酬庸世及中外固所共知然受封本末事具

實錄

國史簡牒尊藏祕府未便輕事披檢重以紀載體例不越因事繫年難免後先參互於一王一公之事

蹟未經哀彙成編其令大學士會同宗人府於

實錄

國史內如顯親王以下各王公等凡立功之端委傳

派之親疏一一悉心采訂分繕成帙進呈以備觀

覽

乾隆四十三年正月初十日

上諭睦親彰善王政宜先繼絕昭屈聖經所重朕自

臨御以來間日恭閱

列祖

列宗實錄一冊恩備知

祖宗創業艱難及爾時懿親藎臣勤勞佐命底定中原偉伐殊功實爲從古所未有而當時策勛錫爵榮號崇封所以酬答者本從優厚迨其後或有及身緣事旋被降削者或有子孫承襲更易封號者迄今平情準理若不爲之溯述闡揚追復舊恩於心實有未愜因念睿親王多爾袞當開國時首先統

衆入關。掃蕩賊氛。肅淸宮禁。分遣諸王。追殲流寇。撫定疆陲。一切創制規模。皆所經畫。尋即奉迎

世祖車駕入都。定國開基。以成一統之業。厥功最著。顧以攝政有年。威福不無專擅。諸王大臣未免畏而忌之。遂致歿後爲蘇克薩哈等所搆授。欵於其屬人首告。誣以謀逆。經諸王定罪除封。其時我

世祖章皇帝實尚在冲齡。未嘗親政也。夫睿王果萌異志。則方兵權在握。何事不可爲。且吳三桂之厭進。

勝國舊臣之所奉。止知有攝政王耳。其勢更無難
號召。即我滿洲大臣。心存忠篤者。自必不肯順從。
然彼誠圖爲不軌。無難潛鋤異己。以逞逆謀。乃不
於彼時因利乘便。直至身後。以斂服僭用明黃龍
衮。指爲覬覦之證。有是理乎。況英親王阿濟格。其
同母兄也。於追捕流賊回京時。謊報李自成身死。
且不俟
旨班師。睿王即遣員斥責其非。並免王公等往迎之禮。

又因阿濟格出征時，脅令巡撫李鑑釋免逮問道員，及擅至鄂爾多斯土默特取馬，會議其罪，降為郡王。平日辦理政務，秉公持正，若此，是果有叛志無叛志乎。又[illegible]

實錄載睿王集諸王貝勒貝子公大臣等，遣人傳語曰：今觀諸王貝勒大臣等，但知諂媚於予，未見有尊崇[illegible]皇上者。予豈能容此。昔[illegible]

太宗升遐。嗣君未立。英王豫王跪請予即尊位。予曰。爾等若如此言。予當自刎。誓死不從。遂奉

皇上纘承大統。似此危疑之時。以予為君。尚不可。今乃不敬

皇上而媚予。予何能容。自今以後。有盡忠

皇上者。予用之愛之。其不盡忠不敬事

皇上者。雖媚予。予不爾宥也。且云

太宗恩育予躬。所以特異於諸子弟者。蓋深信諸子之

成立惟予能成立之每覽

實錄至此未嘗不爲之墮淚則王之立心行事實能篤

忠盡感

厚恩深明君臣大義尤爲史冊所罕覯使王彼時如宋

太宗之處心積慮則豈肯復以死固辭而不爲邪

說搖惑耶乃令王之身後久抱不白之冤於泉壤

心甚憫焉假令當日之逆跡稍有左驗削除之罪

果出於我

世祖聖裁。朕亦寧敢復翻成案。乃實由宵小奸謀搆成

冤獄。而王之政績。載在

實錄者。皆有大功而無叛逆之跡。又豈可不爲之昭雪

乎。昨於乾隆三十八年。因其塋域久荒。特勅量爲

繕葺。並准其近支以時祭掃。然以王之生平盡心

王室。尚不足以慰彼成勞。朕以爲應加恩復還睿

親王封號。追謚曰忠。補入

玉牒。並令補繼襲封。照親王園寢制度。修其塋墓。仍令

太常寺春秋致祭其原傳尚有未經詳敘者並交

國史館恭照

實錄所載敬謹輯錄增補宗室王公功績傳用昭彰闡

宗勳至意又如豫親王多鐸從睿親王入關肅清

京輦即率師西平流寇南定江浙實爲開國諸王戰功之最乃以睿親王之誣獄株連降其親王之爵其後又改封信郡王雖至今承襲罔替但以王之勛績超邁等倫自應世胙原封以彰殊眷豈可

以風影微眚，輒加貶易乎。朕以爲應復其原封。又諸王中披堅執鋭，拓土開疆，共成一統之業者，如禮親王代善，後改封康親王。鄭親王濟爾哈朗，後改封簡親王。肅親王豪格，後改封顯親王。克勤郡王岳託，後改封平郡王。當時俱茂著壯猷，克昭駿烈，載在宗盟。今其子孫所襲，均非始封之名，外人不知，妄疑宗藩當國家締造時有大勳勞，而後裔均不得長延帶礪，以爲闕典。即其本支承家襲慶，

以去祖漸遠。幾忘其先世錫封之由。弗克顧名奮
効。所係於宗室子孫者甚重。況功臣世封內如揚
古利之英誠公費英東之信勇公額亦都之果毅
公。俱以本號相傳。其子孫承襲者各能溯勳閥以
宣偉績。不失故家喬木之遺。今以親賢世冑竟改
其初封嘉號。何以埀詒奕禩。示酬庸追本之義乎。
朕以爲應復其原號。著交軍機大臣會同宗人府
悉心妥議具奏。其餘宗室諸王貝勒等如有顯著

功績其封爵後經降奪者除本人身罹重愆自不
當復邀優典若係承襲之子孫獲咎議處者僅當
斥其本身而不當追貶其祖宗世爵方爲平允亦
著一併會查議奏再配享
太廟諸王僅有通達武功慧哲宣獻四郡王其
太祖
太宗
世祖時戮力行間櫛風沐雨之親藩如向所舉數人皆

未之及。蓋由當時議禮諸王各懷私意。遂爾沒其
勳伐。不得同侑馨香。豈足以彰公道。所有睿親王。
禮親王。鄭親王。豫親王。肅親王。克勤郡王。俱著補
置牌位。配享

太廟。用以妥功宗而昭渥典。至通達郡王係
顯祖之子。武功懋著。宣獻郡王係
景祖之子。當時雖身與配享。第以宗支而論。已在覺羅
之列。是以宗室王公表傳內未經列傳。但思宗室

傳旣限於支派國史傳又以屬在宗潢令此四王無所附麗亦覺欠缺著并交國史館查明四王事實補爲立傳列於國史諸大臣傳之前卽或當時紀載簡少其功績無由稽核無妨不拘詳畧各立一傳以徵信實並將此通諭知之

乾隆四十三年三月初二日

上諭朕因我朝開國時宗室懿親勤勞佐命其殊勳茂績實爲史冊罕有如睿親王多爾袞受誣黜爵

豫親王多鐸緣事降封朕爲核其生平事績昭雪
加恩復還原封世襲又禮親王代善鄭親王濟爾
哈朗肅親王豪格克勤郡王岳託等並令稱其原
號用昭惇敘酬庸渥典其餘諸王貝勒內或有顯
著功績而封爵後經降奪者除本人身罹重愆不
當復邀優典外若係承襲之子孫獲咎議處竟將
初封褫革未爲平允因令軍機大臣會同宗人府
查明具奏今據開列清單進呈朕詳加閱核如饒

餘親王阿巴泰及子安親王岳樂俱屢著功績其子孫内止有奉恩將軍一人不足以酬勞閥著加恩賞封輔國公一人又敬謹親王尼堪功勛頗顯且以力戰捐軀其子孫内現在止有一輔國公亦著加恩晉封鎮國公至謙郡王瓦克達巽親王滿達海鎮國公屯齊從前亦均著有功績現無承襲之人並著加恩瓦克達子孫賞給一等鎮國將軍滿達海子孫賞給一等輔國將軍屯齊子孫賞給

一等奉國將軍此次加賞之公爵世職俱著世襲罔替所有應襲之子孫俱著宗人府照例揀選數人帶領引見

乾隆四十六年十一月二十六日

上諭宗室王公表傳簡親王喇布順承郡王勒爾錦貝勒洞鄂事蹟俱不詳晰又簡親王傳內稱其生有神力語尤不經查此書係何年編纂此外尚有似此語句及敍次草率者並著交國史館恭查

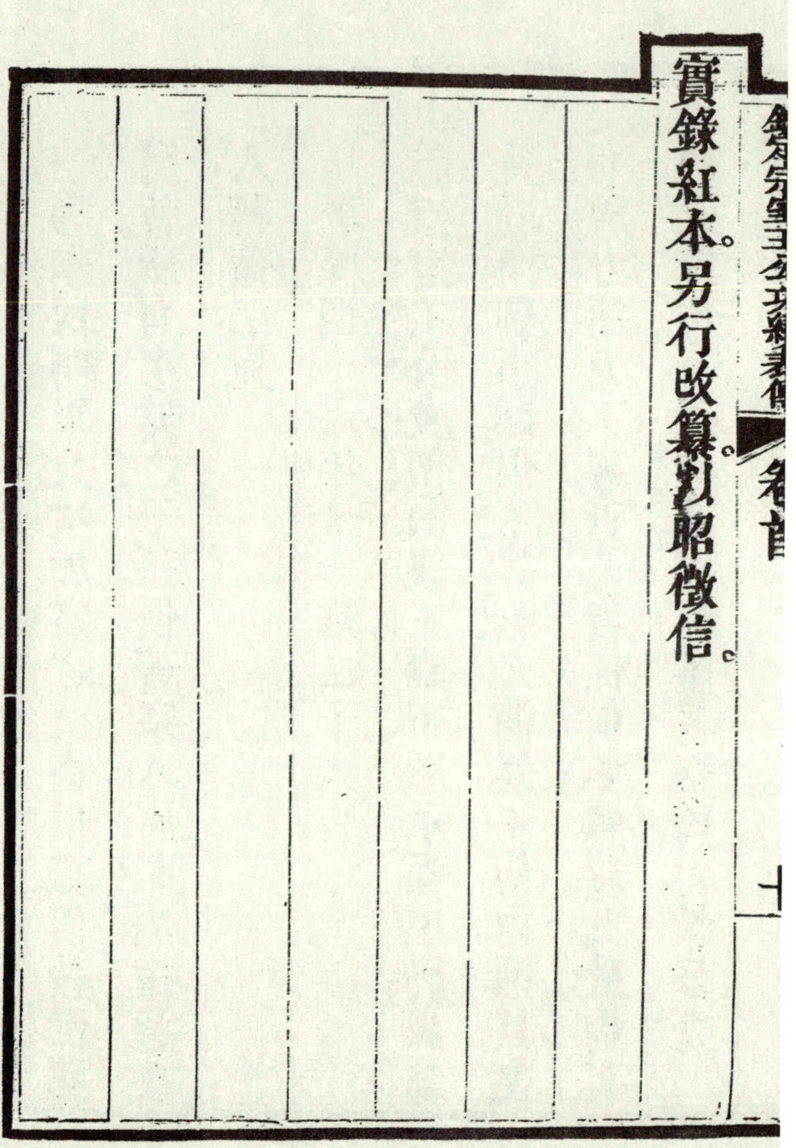

實錄紅本另行改纂以昭徵信。

御製文

己未歲我

太祖大破明師於薩爾滸山之戰書事

蓋聞國之將興。必有禎祥。然禎祥之賜。由乎

天而致

天之賜。則由乎人。予小子於己未歲我

太祖大破明師於薩爾滸之戰。益信此理之不爽也。爾

時草創開基。篳路藍縷。地之里未盈數千。兵之衆弗

滿數萬惟是

父子君臣同心合力師直爲壯荷

天之龍用能破明二十萬之衆每觀

實錄未嘗不流涕動心思我

祖之勤勞而念當時諸臣之宣力也謹依

實錄敘述其事如左

己未二月明帝命楊鎬杜松劉綎等統兵二十萬號

四十萬來攻左翼中路以杜松王宣趙夢麟張銓督

兵六萬由渾河出撫順關右翼中路以李如栢賀世賢閻鳴泰督兵六萬由淸河出鴉鶻關左翼北路以馬林麻岩潘宗顏督兵四萬由開原合葉赫兵出三岔口右翼南路以劉綎康應乾督兵四萬合朝鮮兵出寬甸口期並趨我興京三月朔我西路偵卒遙見火光馳告甫至而南路偵卒又以明兵逼境告我

太祖曰明兵之來信矣南路駐防之兵有五百即以此拒之明使先見南路有兵者誘我兵而南也其由撫

順關西來者必大兵急宜拒戰破此則他路兵不足患矣卽於辰刻率大貝勒代善後封禮親王及衆貝勒大臣統城中兵出而令大貝勒前行時偵卒又以明兵出清河路來告大貝勒曰清河之界道途逼仄崎嶇兵未能驟至我兵惟先往撫順以逆敵兵遂過扎喀關與達爾漢侍衛扈爾漢後授三等子世職集兵以待

上之至時

四貝勒卽我太宗文皇帝以祀事後至謂大貝勒曰界藩

山上我築城夫役在焉山雖險倘明之將帥不惜士卒奮力攻之陷夫役奈何我兵宜急進以安夫役之心大貝勒等善是言下令軍士盡擐甲日過午至太蘭岡大貝勒及扈爾漢欲駐兵隱僻地以待敵

四貝勒艴然曰正宜耀兵列陣明示敵人壯我夫役士卒之膽俾并力以戰何故令兵立隱僻地耶巴圖魯額亦都（後爲一等大臣追封弘毅公）曰貝勒之言是也我兵當堂堂正正以向敵人遂督兵赴界藩對明兵營列陣而

待初眾貝勒兵未至我國防衛築城夫役之兵僅四百人伏薩爾滸谷口伺明總兵杜松主宣趙夢麟之兵過谷口將半尾擊之追至界藩渡口與築城夫役合據界藩山之吉林崖杜松結營薩爾滸山而自引兵圍吉林崖仰攻我兵我兵四百人率眾夫役下擊之一戰而斬明兵百人時我國眾貝勒甫至見明兵攻吉林崖者約二萬人又一軍列薩爾滸山巔遥爲聲勢四大貝勒與眾將議曰吉林崖巔有防衛夫役

之兵四百人急增千人助之俾登山馳下衝擊而以
右翼四旗兵夾攻之其薩爾滸山之兵則以左翼四
旗兵當之遂遣兵千人往吉林崖
上至問四大貝勒破敵策四大貝勒具以前議告
上曰日暮矣且從汝等令分右翼四旗之二與左四旗
兵合先破薩爾滸山所駐兵此兵破則界藩之衆自
喪膽矣再令右二旗兵遥望界藩明軍俟我兵由吉
林崖馳下衝擊時并力以戰是時我國近都城之兵

乘善馬者先至乘駑馬者後至其數十里外者尚未至於是合六旗兵進攻薩爾滸山明兵駐營列陣發鎗礮我兵仰而射之奮力衝擊不移時破其營壘死者相枕藉而所遣助吉林崖之兵自山馳下衝擊右二旗兵渡河直前夾擊明兵之在界藩山者短刃相接我兵縱橫馳突無不一當百遂大破其衆明總兵杜松王宣趙夢麟等皆殁於陣橫屍亘山野血流成渠其旗幟器械及士卒死者蔽渾河而下如流澌焉

追奔逐北二十餘里至舒欽山時已昏軍士沿途搜
剿者無數是夜明總兵馬林兵營於尚間崖濬壕嚴
斥堠鳴金鼓自衛我兵見之乘夜馳告於大貝勒翼
旦大貝勒以三百餘騎馳往馬林兵方拔營行見大
貝勒兵至回兵結方營環營濬壕三匝列火器俾習
火器者列壕外繼列騎兵以俟又潘宗顔一軍距西
三里外營斐芬山大貝勒見之使人馳告於
上時我國遠路之兵亦陸續至與大貝勒兵合明左翼

中路後營遊擊龔念遂李希泌統步騎萬人。駕大車。持堅楯。營於斡琿鄂謨地。環營濬濠。外列火器。

上見之與。

四貝勒率兵不滿千人。分其半。下馬步戰。明兵發火器拒敵。

四貝勒引騎兵奮勇衝入。我步兵遂斫其車。破其楯。明兵又大敗。龔念遂李希泌皆陣歿焉。會大貝勒使人至。知明兵已營尚間崖。

上不待

四貝勒兵。急引侍從四五人往。日中至其地。見明兵四萬人。布陣成列。

上趣令我軍先據山巓。向下搏擊。衆兵方欲登山。而馬林營內之兵。與濠外兵合。

上曰。是將與我戰也。我兵且勿登山。宜下馬步戰。令大貝勒往諭。時左二旗兵下馬者。方四五十人。明兵已自西突至。大貝勒代善言於上曰。兵已進矣。即怒馬迎戰。直入其陣。二貝勒阿敏。三貝勒莽古爾泰與衆台吉等各鼓勇奮進。兩軍搏戰。遂敗明兵。斬首捕鹵過當。方戰時。我六旗兵見之。不及布列行陣。人自爲戰。前後不相待。縱馬飛馳。直逼明營。明兵發鳥鎗巨礮。我兵衝突縱擊。飛矢利刃。所向無前。明兵不能支。又大敗遁走。我兵乘勝追擊。明副將麻岩及大小將士皆陣歿。總兵馬林僅以身免。滅跡掃塵。案角隴種。尙間崖下。河水爲之盡赤。

上復集軍士馳往斐芬山。攻開原道潘宗顏兵。令我兵之半。下馬仰山而攻。宗顏兵約萬人。以楯遮蔽。連發火器。我兵突入。摧其楯。遂破之。宗顏全軍盡歿。時葉赫貝勒錦台什布揚古。欲助明。與潘宗顏合。其兵甫至開原中固城。聞明兵敗。大驚而遁。是時我軍旣擊破明三路兵。

上乃收全軍。至固爾班地方駐營。而明總兵劉綎李如栢等。由南路進者。已近。遏興京偵卒馳告。

上遂命扈爾漢先率兵千人往衛輜重。上復命二貝勒阿敏率兵二千繼之。上率衆貝勒大臣還軍至界藩行凱旋禮封八牛祭纛告天大貝勒代善請曰吾先歸從二十騎微行探信祀畢上徐來。上許諾三貝勒莽古爾泰亦相繼行。四貝勒馳至

上前請與俱往

上曰汝兄徵行往探汝隨吾後行

四貝勒曰兄獨往吾留此未安也遂亦行日暮大貝勒

回至興京入宮則

皇后內庭等見大貝勒至問禦敵策大貝勒曰撫順

開原二路敵兵已破誅戮且盡南來兵已遣將往禦

我待

父皇命當即往破之於是大貝勒復出城迎

上於大屯之野。

上自界藩啟行至興京。平明。命大貝勒三貝勒。

四貝勒。統軍士禦劉綎。而留兵四千於都城待李如栢。

賀世賢等之兵。初劉綎兵出寬甸。進揀鄂路。我居民

避匿深山茂林中。劉綎悉焚其柵寨。殺其孱弱。佐領

託保額爾訥。額赫。率駐防五百人迎敵。劉綎兵圍之

數重。額爾訥。額赫死之。并傷我卒五十人。託保引餘

兵與扈爾漢軍合。扈爾漢伏兵山隘以待。巳刻。大貝

勒及三貝勒

四貝勒引兵甫出瓦爾喀什窩集時劉綎所率精鋭二萬先遣萬人前掠將趨登阿布達哩岡布陣大貝勒欲引兵先登馳下擊之

四貝勒曰兄統大兵留此相機爲援吾先督兵登岡自上下擊之大貝勒曰善我引左翼兵出其西汝引右翼兵登山俾將士下擊汝立後督視勿違吾言輙輕身入也

四貝勒遂率右翼兵往。先引精騎三十人。超出衆軍前。自山馳下奮擊之。兵刃交接。戰甚酣。後軍隨至。衝突而入。大貝勒又率左翼兵。自山之西至。夾攻之。明兵大潰。

四貝勒乘勝追擊。與劉綎後隊兩營兵遇。綎倉卒不及陣。

四貝勒縱兵奮擊。殲其兩營兵萬人。劉綎戰死。是日。明海蓋道康應乾步兵。合朝鮮兵。營於富察之野。其兵執筤筅長鎗。被籐甲皮甲。朝鮮兵被紙甲。其冑以柳條爲之。火器層叠列待。

四貝勒旣破劉綎兵。方駐軍。衆貝勒皆至。遂復督兵攻應乾明兵。及朝鮮兵。敵競發火器。忽大風驟作。走石揚沙。烟塵反撲敵營。昏冥晝晦。我軍乘之。飛矢雨發。又大破之。其兵二萬人殲焉。應乾遁去。先是二貝勒阿敏。扈爾漢前行。遇明遊擊喬一琦兵。擊敗之。一琦將收殘卒。奔朝鮮都元帥姜功烈營。時功烈據固拉庫崖。衆貝勒復整兵逐一琦。遂攻朝鮮營。功烈知明兵敗。大驚。遂按兵偃旗幟。遣通事執旗來告曰。此來非吾願也。昔倭侵我國。據我城郭。奪我疆土。急難之時。賴明助我。獲退倭兵。今以報德之故。奉調至此。爾撫我。我當歸附。且我兵之在明行間者。已被爾殺。此營中皆高麗兵也。明兵逃匿於我者。止遊擊一人及所從軍士而已。當執之以獻。四大貝勒定議。乃曰。爾等降。先令主將來。否則必戰。功烈復遣使來告曰。吾若今夕即往。恐軍亂逃竄。其令副元帥先往宿貝勒營。以示信。詰朝吾率衆降。遂盡執明兵擲於山下。付我明遊擊喬一琦自縊死。於是朝鮮副元帥先詣衆貝勒降。翼日。姜功烈率兵五千下山降。衆貝勒宴勞之。遂送功烈及所部將士先詣都城。

上御殿。朝鮮都元帥姜功烈及副元帥等匍匐謁見。

上優以賓禮。數賜宴。厚遇之。士卒悉留豢養。四大貝勒既殲南路明兵四萬人。我軍駐三日。籍其俘獲人馬輜重鎧仗而還是役也明以傾國之兵雲集遼瀋又招合朝鮮葉赫分路來侵五日之間悉被我軍誅滅其宿將猛士暴骸骨於外士卒死者不啻十餘萬我軍邀

天佑助以少擊衆無不摧堅挫銳迅奏膚功策勳按籍我士卒僅損二百人自古克敵制勝未有若斯之神者也時明經畧楊鎬駐瀋陽聞三路兵敗大驚急檄總兵李如栢副將賀世賢等回兵如栢等自呼蘭路

遁歸我哨兵二十人見之據山上鳴螺繫帽弓梢揮之作招集大兵狀已而呼噪下擊殺四十人獲馬五十匹明兵奪路而逃相蹂踐死者復千餘人庚寅大軍還至都城

上顧衆貝勒大臣曰明以二十萬衆號四十七萬分四路並力來戰今我不踰時破之遂獲全勝各國聞之若謂我分兵拒敵則稱我兵衆若謂我往來勦殺則服我兵强傳聞四方孰不懾我軍威者哉嗚呼由是

一戰而明之國勢益削。我之武烈益揚。遂乃克遼東。取瀋陽。王基開。帝業定。夫豈易乎。允因我太祖求是於天。復讐乎。祖同兄弟子姪之衆。率股肱心膂之臣。親冒矢石。授方略。一時聖嗣賢臣。抒勞効悃。用成鴻勳。我大清億萬年丕丕基。實肇乎此。予小子披讀

實錄。未嘗不起敬起慕。起悲起愧。未能及其時以承
訓抒力於行間馬上也。夫我
祖如此勤勞所得之天下。子若孫覩此戰蹟。而不思所
以承
天命。綿帝圖。兢兢業業。治國安民。凛惟休惟恤之戒。存
監夏監殷之心。則亦非予子孫而已爾。此予覩薩爾
滸之戰所由書事也。此予因
實錄尊藏。人弗易見。而特書其事。以示我大清億萬年

子孫臣庶。期共勉以無忘
祖宗開創之艱難也。

御製詩

醇克勤郡王園寢 癸亥

開國承家日。于藩夾輔資。一時扶王業。四海定丕基。

懿德書金匱。佳城奠玉卮。銀潢天共遠。百世篤宗支。

追復睿親王封號并復其宗嗣襲封予謚配享

詩以誌事 有序 戊戌

稽宗盟之軼事。展親兼以褒功。覈方策之遺聞。申枉因而繼絶。睿親王者。屬本懿藩。分居執政。

勤勞王室。裴忱洵同姓之良。綏定燕京。偉績更
諸王之冠。顧以任隆見嫉。亦或氣盛招尤。履霜
之釁。潛積於多年。戴盆之寃。頓興於旣逝。掊斂
衣爲左證。理知所必不然。肆羅織以深文。獄甚
于莫須有。徒以衆怨之構。成貝錦而執作爰書。
尙非
親政之年。矯綸綍而竟從重典。繄予恭披
實錄。鑒王實有大勳。當危疑推戴之時。拒羣議而匡扶

沖主遘戡亂肅清之際迎

聖駕而肇建丕基且誡比列之詔諭昜以尊君親上復

斥同懷之悖戾加以義正詞嚴歷歷具存班班

可考緬其誠藎皎如白日青天嘉乃壯猷允矣

信今傳後使果有不軌之志未嘗無可乘之機

乃貞心既矢於寢興豈逆迹轉萌于泉壤無端

而暴其罪狀每惻于中如是而坐以叛名宜昭

其屈念疇昔非由

親決弗嫌成案之翻。爲國家特敘成勞。惟協公評之當。用是復其王爵。仍敎世襲茅封。並爲錄彼宗支。咸使列于玉牒。葺園寢而春秋祀享。配太室而殿廡筵班。補列傳以遵篇。準易名之一字。推祖宗之恩意。辨誣足勝金縢。勉子姓以欽承。守緒奚煩鐵券。爰成四韻。并引長言。

流言恐懼徂周公。公則生前王已終。睿親王之冤獄與周公之被流

言相似。然公之受謗在生前。故恐懼可以有待。王則遭誣於身後。故是非無以自明。然予恭閲

實錄。爲之昭雪。較諸感風雷而發金縢者。似尤光明正大耳。無倖位心眞是睿有開基業孰齊忠諡增一字非私惠論定千秋付衆同配食饗封推

祖澤睦親惇敘昜宗功。

命仍稱禮鄭豫肅諸親王及克勤郡王原封爵號並予配享詩以誌事 有序 戊戌

溯維城於王室同扶有永之

鴻圖。考列爵於宗盟。各著非常之偉閥。事在本朝爲極

盛。蹟皆前古所罕聞。每以繹尋

實錄之文。因有追敘成勞之典。粤稽禮邸。實惟讓王。四

路分殲。薩爾滸助揚

神武。連營並克。山海關奮厲師貞。翊

聖明而特表藎誠。誅逆惡而不徇私義。至鄭王屬居近

派。蒙

太祖育自宫中。初定平壤之盟。旋鼓寧遠之勇。遵化歸

化。頫建豐肅。松山杏山。疊施勝算。翦彊藩而成一統。識裕先幾。膺攝政而疏千言。監陳前憲。若夫論功之最。惟豫尤超。幼統偏師。荷嘉名之肇錫。獨抒長策。舉大勢以全規。洎入燕京。遂專閫節。破潼關而追流寇。狂魄尋僵。平江介以定中原。遊魂自滅。又如肅武親王之百戰稱雄。而秦地恢城。蜀疆殪賊。勳尤崇也。他若克勤郡王之屢征奏捷。而降納朝鮮。計圖明塞。畧更優焉。是爲同姓之股肱。名皆炳著。並照當年之耳目。人所豔稱。乃日久而舊號俱更。雖世及而遺風幾泯。爰命復原封之字。俾同竹帛以常新。並教列配享之廟。咸侑馨香而弗替。餘凡類似。悉予詳求。念櫛風沐雨之勞。使徵獻者知宗功之不朽。比礪山帶河之永。期襲爵者懷祖烈以毋忘。用紀長歌。並疏小引。

太祖大事。禮親王於諸子

貝勒讓帝如汝陽。中爲最長。而功德隆茂。衆望皆屬太宗。禮親王因作讓書。言紹承大統。必得聖君。始能戡亂致治。以成一統。自顧德薄。願共推戴四貝勒嗣位。入朝遍示諸貝勒大臣。衆皆喜。太宗辭讓再三。王意益懇切。乃從之。薩爾滸戰我武揚。薩爾滸之戰。禮親王同太宗隨太祖立功。詳見向所作薩爾滸山書事。推戴沖主出丹誠。叶不私子孫德尤彰。世祖嗣位時。禮親王之子碩託。孫阿達禮。曾謀立睿親王。禮親王發其謀。並誅之。宮中育養子姪行。其名曰濟爾哈朗。叶鄭親王為太祖親姪。幼育於宮中。號和碩貝勒。戰功多矣難數詳。同攝政亦抒謀臧。遠

取雲貴見早殭。鄭親王病劇。世祖臨問泣對

日臣受三朝深恩。未能仰答

不勝感痛。惟願以取雲貴。滅桂王。統一四海爲念。

世祖爲之大慟。逆藩日後之謀。果不出王之先

見

也。幼領偏師建績。昂褒賞

聖嘉賜美名。叶　豫親王幼統偏師。輒有功

太宗嘉之。賜號額爾克楚呼爾。直

入潼關賊奔商旋師平定江南疆功莫大焉策允良。

王之戰功甚多。難以縷舉。至其破潼關。逐

闖賊。及平定江南。尤其功之最著者也。　整兵入蜀

肅親王陣斬巨寇張獻忠。叶　悉平內地讋諸羌。肅親王射

殪張獻忠。並削除羣賊。平定陝西。

禮親王子智獨長。克勤郡王。爲禮親王長子。有謀

勇。

濟以倜儻復勇往，叶 盟定朝鮮勣克襄。克勤郡王嘗同大貝勒阿敏及鄭親王征朝鮮。克四城。諭朝鮮王李倧降。時阿敏懷異志。欲直趨朝鮮王京。倧挈孥奔。遣其臣進昌君求和。衆議許之。阿敏不允。克勤郡王密與鄭親王定議駐師平壤城。遣使往諭。倧報命。願歲貢方物。遂許其降。既盟。告阿敏。阿敏以未與盟。仍縱兵大掠。勸之不聽。復令倧弟李覺與阿敏盟。乃班師。恨未得與定北京。叶 克勤郡王於崇德三年以疾薨於軍。太祖聞而慟哭。加以恩禮。故未及與入關定燕京也。是皆巨擘輝天潢。與復舊號並配享。叶 其未及者付考章。並教一一稽宗盟。叶 其餘宗室諸王貝勒等。有功積顯著。其封爵後經降奪者。並命宗人府查奏。雪寃彰善示後覆。

欽定宗室王公功績表傳 卷首

祖

宗恩澤子衍慶本支百世奕禩昌

醇克勤郡王圖寢 戊戌

每陳開國策均合

聖人心。王戰功頗多。且於天聰時陳奏善撫降人。及請於山海關通州燕京三處急圖其一以定丕基並請駐兵金州瞭哨諸事。

太宗皆嘉納之。不少赳桓衆

獨嘉幹畧沉。佳城留故里。致奠重躬臨。彰善俾觀感。伊

予此意深。王之後襲封者。改爲平郡王。今春以開國勲藩。爵延於世。自應仍其初封之號。俾襲

爵者。顧名追念。無忘其先人體國勳勞。常懷劝勉。於訓示宗親有益。胥命軍機大臣會同宗人府核議。著爲令。

酹克勤郡王園寢疊戊戌詩韻 癸卯

讓帝之家子。首陳推戴心。克勤郡王岳託。禮親王代善之長子也。有謀勇。多戰功。天命十一年八月。太祖升遐。岳託與弟薩哈璘以太宗有聖德。密議推戴。告其父代善曰。國不可一日無君。四貝勒才德冠世。深契先帝聖心。衆皆悅服。當速繼大位。代善曰。此吾夙心也。乃夜作議書。翼日。徧示諸貝勒大臣於朝。遂定議。奉太宗嗣位。又於天聰時。奏請善撫降人及請於山海關通州燕京三處。急圖其一。以定丕基。太宗嘉納之。崇德三年。命爲揚威大將軍。與睿親王分道征明。所向克捷。以疾薨於軍。太宗聞之。驚慟。輟膳三日。詔封多羅克勤郡王。康熙二十七年。聖祖爲立碑紀功。乾隆四十三年。以王後改稱平郡王。復還原號。並令配享太廟。忘家惟爲去聲國力勇更謀沉。我祖所嘉許。予躬應奠臨。閟宫教配享。彰善意猶深。

欽定宗室王公功績表傳卷一

表一 親王 郡王

和碩禮親王

始封	初次襲	二次襲	三次襲	四次襲	五次襲	六次襲	七次襲
代善	滿達海	常阿岱	傑書	椿泰	崇安	巴爾圖	永恩
太祖高皇帝第二子。崇德元年四月以功封。和碩禮親	代善第七子。順治六年四月襲。八年正月。改號巽親	滿達海第一子。順治九年七月襲。後以父罪降貝勒	常阿岱叔父祜塞第三子。順治十六年十二月襲。改	傑書第六子。康熙三十六年七月襲。四十八年五月	椿泰第一子。康熙四十八年十月襲。雍正十一年九	傑書第五子。雍正十二年四月襲。乾隆十八年三月	崇安第二子。乾隆十八年五月襲。四十三年正月復

王順治五年十月薨子滿達海襲康熙十年六月追諡烈	年二月薨諡簡子常阿岱襲十六年十月以罪追削	從弟傑書襲	號康康熙三十六年閏三月薨諡良子椿泰襲	薨諡悼字崇安襲	月薨諡修伯父巴爾圖襲	薨諡簡從孫永恩襲	始封之號曰禮

和碩英親王

原封
阿濟格
太祖高皇帝○
第十二子
順治元年○
十月以功
封和碩英○
親王八年○
正月以罪○
削爵除

欽定宗室王公功績表傳　卷一　十

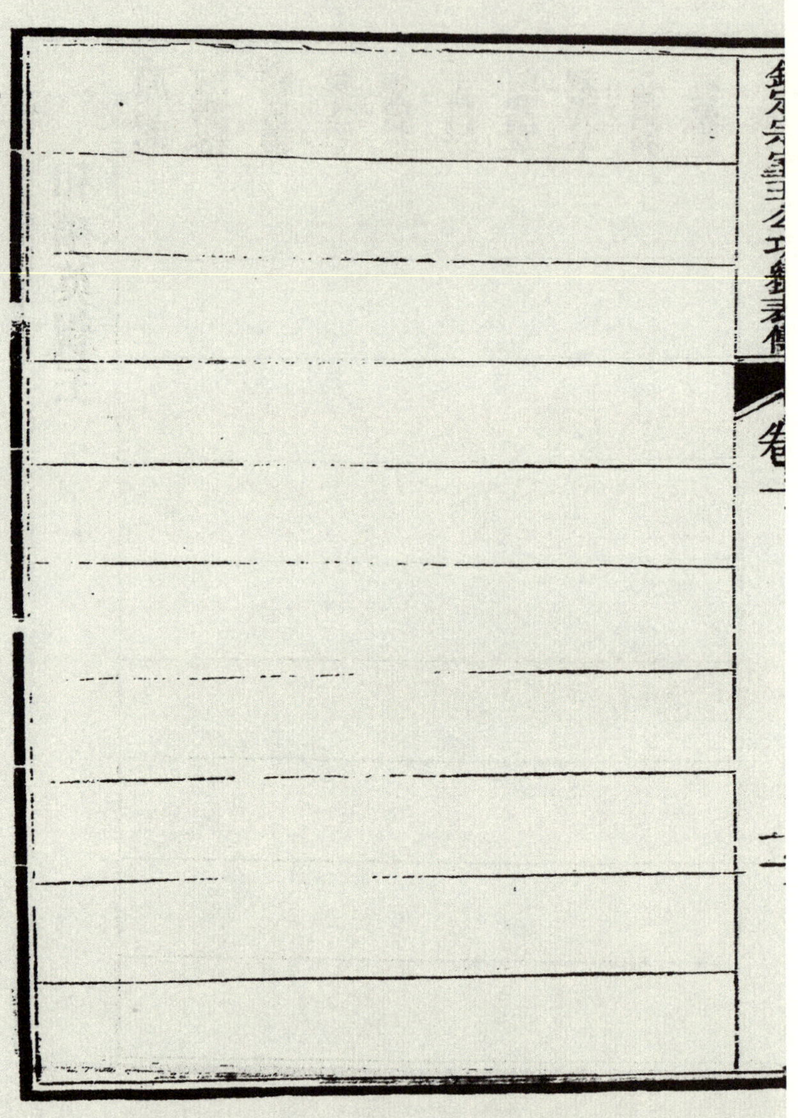

和碩睿親王

始封	初次襲
多爾袞	淳穎
太祖高皇帝第十四子。○崇德元年四月以功封和碩睿親王。○順治七年十二月薨。○八年	豫親王多鐸子多爾博之五世孫。○乾隆四十三年正月繼襲。○

二月以罪。追削。乾隆四十三年正月。特旨復原封。追謚忠。以孫親王。六世孫淳。詳[illegible]表。

和碩豫親王

始封	多鐸	太祖高皇帝第十五子。順治元年十月以功封和碩豫親王。六年三月薨。子多尼襲。九
初次襲	多尼	多鐸第二子。順治六年十月襲。改號信。復以父罪降郡王。十八年正月薨。謚宣和。子
二次襲	鄂扎	多尼第二子。順治十八年六月襲。康熙四十一年十月薨。叔父洞鄂襲。
三次襲	洞鄂	多鐸第七子。康熙四十二年三月襲。四十五年七月薨。從孫德昭襲。
四次襲	德昭	鄂扎第五子。康熙四十五年七月襲。乾隆二十七年二月薨。謚慤。從孫如松襲。
五次襲	如松	德昭從子功宜布第三子。乾隆二十七年閏五月襲。三十五年十一月薨。謚恪。從父
六次襲	修齡	德昭第十五子。乾隆三十六年四月襲。四十三年正月復爵親王。仍始封之號曰豫。
七次襲	裕豐	修齡第一子。乾隆五十一年十月襲。

年三月以罪追降郡王康熙十年六月追謚通乾隆四十三年正月特旨復原封

鄂扎襲

修齡襲

五十一年三月襲謚長子裕豐襲

和碩肅親王

始封	豪格	太宗文皇帝第一子崇德元年四月以功封和碩肅親王順治五年三月以罪削卒後
初次襲	富綬	豪格第四子順治八年二月襲改號顯親熙八年十二月薨謚懿子丹臻襲
二次襲	丹臻	富綬第四子康熙九年六月襲四十一年五月薨謚密子衍潢襲
三次襲	衍潢	丹臻第六子康熙四十一年八月襲乾隆三十六年十二月薨謚謹從第蘊著襲
四次襲	蘊著	衍潢叔父拜察禮第三子乾隆三十七年四月襲四十三年正月復始封之號曰肅
五次襲	永錫	蘊著從弟成信第五子乾隆四十三年閏六月襲

復原封子。富綬。襲。十三年九月。卒諡曰武。	
四月。薨諡曰勤。從子。永錫。襲	

和碩承澤親王

始封	碩塞	太宗文皇帝第五子。順治八年閏二月以功封和碩承澤親王。十一年十二月薨。子博
初次襲	博果鐸	碩塞第一子。順治十二年六月襲。改號莊。雍正元年正月薨。諡靖。嗣子允祿襲。
二次襲	允祿	聖祖仁皇帝第十六子。雍正元年二月襲。乾隆三十二年二月薨。諡恪。孫永瑺襲。
三次襲	永瑺	允祿子弘普第一子。乾隆三十二年六月襲。五十三年二月薨。諡慎。從子綿課襲
四次襲	綿課	永瑺弟永珂第一子。乾隆五十三年五月襲

果鐸薨○康熙十年六月○追謚裕

和碩鄭親王

始封	濟爾哈朗	顯祖宣皇帝孫和碩親王舒爾哈齊第六子崇德元年四月以功封和碩鄭
初次襲	濟度	濟爾哈朗第二子順治十四年五月襲改號簡十七年七月薨諡純子德塞襲
二次襲	德塞	濟度第三子順治十八年二月襲康熙九年三月薨諡惠兄喇布襲
三次襲	喇布	濟度第二子康熙九年九月襲二十年十月薨二十二年三月以罪追削弟雅布襲
四次襲	雅布	濟度第五子康熙二十二年三月襲四十年九月薨諡修子雅爾江阿襲
五次襲	雅爾江阿	雅布第一子康熙四十一年正月襲雍正四年二月以罪削弟神保住襲
六次襲	神保住	雅布第十四子雍正四年三月襲乾隆十三年九月以罪削從弟德沛襲
七次襲	德沛	神保住從父福存第八子乾隆十三年九月襲十七年六月薨諡儀從弟奇通阿襲
八次襲	奇通阿	德沛從父巴賽第十子乾隆十七年十月襲二十八年六月薨諡勤子豐訥亨襲
九次襲	豐訥亨	奇通阿第一子乾隆二十八年十月襲四十年十二月薨諡恪子積哈納襲

郡王順治
十二年五
月薨子濟
度襲康熙
十年六月
追謚獻
十次襲
積哈納
豐訥亨第
二子乾隆
四十一年

五月襲四
十三年正
月復始封○
之號曰鄭○
四十九年
五月薨諡○
恭○子年未
及歲○現未
議襲、

和碩敬謹親王

始封	尼堪	太祖高皇帝孫多羅廣略貝勒褚英第三子順治六年三月封和碩敬謹親王九年十一
初次襲	尼思哈	尼堪第二子順治十年十二月襲十七年十一月薨諡悼兄蘭布襲
二次襲	蘭布	尼堪第一子康熙七年八月襲八年五月以罪降鎮國公十七年十月卒於軍子賴
三次襲	賴士	蘭布第四子康熙十八年四月降襲鎮國公五十三年四月以罪削弟之子富增襲
四次襲	富增	賴士弟務友第六子康熙五十三年襲雍正四年二月以罪削從弟伊爾登襲
五次襲	伊爾登	賴士第三子雍正四年二月襲乾隆十四年四月卒諡簡恪子富春襲
六次襲	富春	伊爾登第七子乾隆十四年十月襲四十二年十一月以罪削子賓寧襲
七次襲	賓寧	富春第二子乾隆四十二年十一月襲四十三年三月以敬謹親王尼堪功

一月襲於
雍諡莊子
尼堪哈襲

十一降襲十
九年十一
月以罪追
削

特旨晉封
奉恩鎮國
公世襲罔
替

和碩穎親王

追封	初次襲
薩哈璘	阿達禮
太祖高皇帝孫和碩禮親王代善第三子。天命十二年封貝勒。崇德元年五月晉封	薩哈璘第二子。崇德元年六月襲。八年八月以罪削爵。除。

初封頴親王。子阿達禮襲郡王。康熙十年六月追謚毅。

和碩端重親王

原封	初次襲
博洛	齊克新
太祖高皇帝孫多羅饒餘郡王阿巴泰第三子順治四年六月以功封多羅郡王加號	博洛第八子順治十二年四月襲後以父罪降貝勒十八年正月薨諡懷思爵除

端重○六年三月晉封和碩親王○九年三月薨諡定○子齊克新襲○十六年十月以罪追削爵及諡○

多羅饒餘郡王

始封	阿巴泰	太祖高皇帝第七子○順治元年四月○以功封多羅饒餘郡王○三年三月薨○諡敏○子岳樂
初次襲	岳樂	阿巴泰第四子○順治八年二月襲○改號安○十四年十一月晉封○和碩安親王○康熙二
二次襲	瑪爾渾	岳樂第十五子○康熙二十九年二月襲○四十八年十一月薨○諡懿○子華玘○襲
三次襲	華玘	瑪爾渾第三子○康熙四十九年二月襲○五十八年九月薨○諡節○爵除○乾隆四十三年
四次襲	奇昆	華玘子錫貴第三子○乾隆四十三年三月襲○四十七年四月卒○子年未及歲○現未議

襲。

十八年二月薨。諡和。子瑪爾渾襲郡王。三十九年十二月以罪追革郡王。

三月以餘郡王阿巴泰。安郡王岳樂。功賜奉恩輔國公爵。世襲罔替。孫奇昆。襲。

襲。

多羅克勤郡王

追封	岳託	太祖高皇帝孫。和碩禮親王代善第一子。崇德元年四月。以功封和碩成親王。屢以罪
初次襲	羅洛渾	岳託第二子。崇德四年九月襲。順治元年十月以功封多羅衍禧郡王。三年八月薨。
二次襲	羅科鐸	羅洛渾第一子。順治五年閏四月襲。八年二月。改號平。康熙二十一年七月薨。諡比。
三次襲	訥爾圖	羅科鐸第四子。康熙二十二年正月襲。三十六年四月以罪削。弟訥爾福襲。
四次襲	訥爾福	羅科鐸第六子。康熙二十六年五月襲。四十年七月薨。諡悼。子訥爾蘇襲。
五次襲	訥爾蘇	訥爾福第一子。康熙四十年十二月襲。雍正四年七月。以罪削。子福彭襲。
六次襲	福彭	訥爾蘇第一子。雍正四年七月襲。乾隆十三年十一月薨。諡敏。子慶寧襲。
七次襲	慶寧	福彭第一子。乾隆十四年三月襲。十五年九月薨。諡僖。從弟慶恒襲。
八次襲	慶恒	慶寧叔父福秀第一子。乾隆十五年十二月襲。四十三年正月。復始封之號曰克勤。
九次襲	雅朗阿	慶恒從祖父訥清額第十子。乾隆四十四年四月襲。

欽定宗室王公功績表傳　卷一　十三

降至固山貝子。三年正月復封多羅貝勒。是年薨於軍。追封多羅克勤郡王。子羅洛渾襲貝勒。

於軍譖乔。子羅科鐸襲郡王。

子訥爾圖襲。

四十四年二月薨。諡良。從父雅朗阿襲。

多羅謙郡王

始封	初襲	二次襲	三次襲
瓦克達	哈爾薩	留雍	洞福
太祖高皇帝孫和碩禮親王代善第四子順治三年三月以功封三等鎮國將軍四年	瓦克達第三子康熙二十一年五月降襲鎮國公二十五年十月以罪削兄留雍襲	瓦克達第二子康熙二十五年十月襲三十七年四月以罪削爵除乾隆四十三年	留雍孫忠端第三子乾隆四十三年三月襲

三月晉封鎮國公。五年十二月。晉封多羅郡王加號謙。九年八月薨。康熙十年六月。追諡襄。子晗爾薩隆襲。

三月以謙郡王瓦克達功。賜一等鎮國將軍爵世襲罔替。孫洞福襲。

多羅順承郡王

始封	勒克德渾	太祖高皇帝曾孫和碩穎親王薩哈璘第二子。順治五年九月封多羅順承
初次襲	勒爾錦	勒克德渾第四子。順治九年八月襲。康熙十九年十一月以罪削。子勒爾貝襲。
二次襲	勒爾貝	勒爾錦第三子。康熙十九年十二月襲。二十一年二月薨。弟揚奇襲。
三次襲	揚奇	勒爾錦第四子。康熙二十一年七月襲。二十六年四月薨。弟充保襲。
四次襲	充保	勒爾錦第七子。康熙二十六年五月襲。三十七年九月薨。兄布穆巴襲。
五次襲	布穆巴	勒爾錦第五子。康熙三十八年正月襲。五十四年五月以罪削。伯父諾羅布襲。
六次襲	諾羅布	勒克德渾第三子。康熙五十四年五月襲。五十六年二月薨。謚忠。子錫保襲。
七次襲	錫保	諾羅布第四子。康熙五十六年十月襲。雍正九年八月封和碩順承親王。十一年七
八次襲	熙良	錫保第一子。雍正十一年十二月襲。乾隆元年四月薨。謚恪。子泰斐英阿襲。
九次襲	泰斐英阿	熙良第一子。乾隆九年九月襲。二十一年七月薨。謚恭。子恒昌襲。

欽定宗室王公功績表傳　卷一

郡王。九年
三月薨。子
勒爾錦襲。
康熙十年
六月。追謚
恭惠。

十六次襲　十六次襲

恒昌　倫柱

泰斐英阿　恒昌第一
第七子。乾　子。乾隆五
隆二十一　十一年二

月。以罪削。
子熙良襲
郡王

年十月襲
弓襲
四十三年
二月襲 謚
模

欽定宗室王公功績表傳卷二

表二貝勒　貝子　鎮國公　輔國公　以罪黜宗室貝勒

和碩貝勒阿敏所立爵

原封阿敏

顯祖宣皇帝孫。和碩親王舒爾哈齊第二子。天命元年正月以功封和碩貝勒。天聰四年六月以罪削爵除。

多羅誠毅貝勒穆爾哈齊所立爵。

追封穆爾哈齊顯祖宣皇帝第二子。以功賜號誠毅。天命五年九月卒。順治十年六月。

追封多羅貝勒。謚勇壯。爵除。

多羅篤義貝勒 巴雅喇所立爵

追封

巴雅喇

顯祖宣皇帝第五子以功

賜號篤義天命九年九月卒順治十年五月

追封多羅

具摺請旨
果爵除

多羅廣略貝勒 褚英所立爵

原封

褚英

太祖高皇帝第一子。以功封貝勒。賜號廣略。歲乙卯閏八月。以罪削爵。除。

欽定宗室王公功績表傳　卷二　四

多羅貝勒

芬古所立爵

始封 芬古 顯祖宣皇帝孫和碩親王舒爾哈齊第八子崇德元年以功封固山貝子四年五月以

初次襲 尚善 芬古第三子順治元年四月襲進封多羅貝勒康熙十七年八月卒於軍十九年十

二次襲 門度 尚善第四子康熙三十七年五月襲雍正四年十一月以病削弟之子裕綬襲

三次襲 裕綬 門度弟根度第四子雍正四年十一月襲乾隆五年十月卒謚敏恪子嵩椿襲

四次襲 嵩椿 裕綬第六子乾隆六年二月襲

罪削。八月，復封輔國公。八年十二月卒。子尚善，襲輔國公。順治十年五月，追封多羅貝勒，謚靖定。

一月，以罪追削。子門度，襲輔國公。

多羅安平貝勒 杜度所立爵

始封	杜度	太祖高皇帝孫多羅廣略貝勒褚英第一子崇德元年四月以功封多羅安平貝勒七
初次襲	杜爾祜	杜度第一子崇德七年六月降襲鎮國公順治八年二月晉封多羅貝勒十二年二
二次襲	敦達	杜爾祜第五子順治十二年八月降襲固山貝子康熙十三年十月卒諡恪恭子普
三次襲	普貴	敦達第二子康熙十三年十二月降襲鎮國公雍正元年十月以病削子智保降襲
四次襲	智保	普貴第十子雍正元年十月降襲輔國公三年二月卒弟蘇保襲
五次襲	蘇保	普貴第十三子雍正三年正月襲四年十二月卒兄誠保襲
六次襲	誠保	普貴第七子雍正五年二月襲乾隆十九年九月卒諡溫僖子慶春襲
七次襲	慶春	誠保第二子乾隆二十年二月襲三十八年六月卒子恒寧襲
八次襲	恒寧	慶春第一子乾隆三十八年十月襲

欽定宗室王公功績表傳　卷二

年六月襲　月卒諡愨　貴降襲

於董子柱　厚子敦達

爾薩海　降襲

多羅貝勒察尼所立爵

原封
察尼
太祖高皇帝孫和碩豫親王多鐸第四子順治十三年正月封多羅貝勒康熙十九年

十一月。以罪削。二十七年九月卒。諡恪僖。爵除。

多羅貝勒 喀爾楚渾所立爵

始封	喀爾楚渾	太祖高皇帝曾孫多羅克勤郡王岳託第三子順治二年二月以功封鎮國
初次襲	克齊	喀爾楚渾第一子順治九年十月襲康熙六十一年六月卒子魯賓降襲
二次襲	魯賓	克齊第一子雍正元年三月降襲固山貝子四年二月以罪削三月復降封輔國公
三次襲	訥穆金	魯賓嗣子宗室第四子乾隆九年四月降襲奉恩將軍四十八年十月卒子薩賓圖
四次襲	薩賓圖	訥穆金第二子乾隆四十九年五月襲

四六年十月。晉封多羅貝勒。八年八月卒。謚顯。第子克齊襲。

乾隆八年六月卒。諡恪愍。孫納穆金降襲。

襲。

多羅貝勒 巴思哈所立爵

原封	巴思哈	太祖高皇帝曾孫多羅克勤郡王岳託第五子順治六年十月封多羅貝勒十一年十
初次襲	固克度渾	巴思哈第二子順治十八年六月降襲三等輔國將軍品級康熙四年七
二次襲	庫布素渾	巴思哈第三子康熙四年九月降襲三等奉國將軍品級後晉三等輔國
三次襲	蘭鼐	庫布素渾第一子康熙三十四年十月降襲三等奉國將軍品級五十八年正月卒
四次襲	宗智	蘭鼐第三子康熙五十八年十二月降襲奉恩將軍品級乾隆八年十月卒以弟宗熹
五次襲	宗熹	蘭鼐第六子乾隆九年七月降襲雲騎尉品級四十年十二月以罪削爵除

月以罪削
後復封鎮
國公品級
以罪降鎮
國將軍品
級十八年
二月卒子
固克度渾
降襲

月卒弟庫
布素渾降
襲

將軍品級
三十四年
十月以病
削子蘭鼐
降襲

子宗智降
襲

降襲

固山貝子

務達海所立爵

始封

務達海

顯祖宣皇帝孫○多羅誠毅貝勒穆爾哈齊第四子○順治二年二月○以功由三等輔國將

軍。晉封二等。四年六月晉一等。九月晉三等鎮國將軍。五年晉封固山貝子。十二年五月卒。謚襄敏。爵除。

固山貝子 博和託所立爵○

始封	初次襲	二次襲	三次襲	四次襲
博和託	彰泰	屯珠	逢信	盛昌

太祖高皇帝○孫多羅饒餘郡王阿巴泰第三子○順治元年十月晉○封固山貝子○五年九

博和託第四子○順治八年閏二月襲○康熙二十九年正月卒○子屯珠降襲○

彰泰第三子○康熙三十九年降○襲鎮國公○五十七年閏八月卒○嗣孫逢信降襲○

屯珠兄百綬子文昭第三子○康熙五十七年降襲輔國公○乾隆十二年八月卒○謚恭

逢信第二子○乾隆十二年十二月襲○二十二年七月○以罪削○二十三年二月○復封鎮

月卒。諡溫。長子。彭泰襲。			恪子。盛昌襲。	國將軍。十二月晉封輔國公。				

固山貝子 固爾瑪渾所立爵。

始封	固爾瑪渾	顯祖宣皇帝曾孫。和碩貝勒阿敏第三子。崇德四年四月封鎮國公。五年六
初次襲	瑚三	固爾瑪渾第四子。襲。康熙二十年十二月降襲輔國公。二十四年正月卒。諡恪敏。子齊克塔哈襲。
二次襲	齊克塔哈	瑚三第二子。康熙二十四年正月襲。四十六年五月。以罪削。從兄鄂斐襲。
三次襲	鄂斐	齊克塔哈伯父瑪爾固第四子。康熙四十六年六月襲。五十二年八月卒。子鄂齊襲。
四次襲	鄂齊	鄂斐第五子。雍正三年十二月襲。五年七月晉封鎮國公。六年九月以罪削。爵除。

○月以父罪○削順治五年閏四月○復封輔國公六年十月晉封固山貝子康熙二十年十月卒謚溫簡子死○三降襲

克塔哈襲○

固山貝子 洛託所立爵

原封	初次襲
洛託	富達禮
顯祖宣皇帝曾孫多羅貝勒塔察篇古第二子崇德元年封固山貝子八年八月以罪削	洛託第七子康熙四年十二月襲奉恩將軍八年七月晉二等輔國將軍二十五

順治八年三月復封三等鎮國將軍十六年二月以功晉一等。康熙四年四月卒。子富達禮降襲。

年十二月。以罪削爵。除。

固山貝子

傅喇塔所立爵

始封	傅喇塔	顯祖宣皇帝曾孫多羅貝勒芬古第四子順治六年十月封固山貝子十六年二月以
初次襲	富善	傅喇塔第二子康熙十七年七月襲二十九年十二月以罪削弟福存襲
二次襲	福存	傅喇塔第五子康熙三十年十月襲三十九年九月卒子德普襲
三次襲	德普	福存第二子康熙三十九年十二月降襲鎮國公雍正七年五月卒子恒魯降襲
四次襲	恒魯	德普第一子雍正七年八月降襲輔國公乾隆三十七年六月卒諡恭慤子興兆襲
五次襲	興兆	恒魯第二子乾隆三十七年十月襲

罷降輔國公。十八年二月。復封固山貝子。康熙十五年十二月。卒。於軍。諡惠獻。子富善襲。

固山貝子 穆爾祜所立爵

原封	初次襲	二次襲	三次襲	四次襲
穆爾祜	長源	察爾岱	諾爾博	鳳文
太祖高皇帝曾孫多羅安平貝勒杜度第二子順治三年三月以功由三等鎮國將軍	穆爾祜第二子順治十六年降襲三等鎮國將軍品級康熙三十四年九月以病削	長源第四子康熙三十四年十月降襲三等輔國將軍品級雍正十一年八月卒子	察爾岱第三子雍正十二年三月降襲三等奉國將軍品級乾隆二十六年十二月	諾爾博第四子乾隆二十五年十二月降襲奉恩將軍品級

晉一等。四年三月封輔國公。六年十月晉封固山貝子。十一年十月以罪削。子長源降襲。

子察爾岱降襲。

諾爾博降襲。

卒。子慶安降襲。

固山貝子

特爾祜所立爵

始封	特爾祜	太祖高皇帝曾孫多羅安平貝勒杜度第三子順治六年十月封固山貝子十五年二
初次襲	噶爾哈圖	特爾祜第二子順治八年七月降襲鎮國公康熙二年十一月卒弟登塞
二次襲	登塞	特爾祜第三子康熙三年三月降襲輔國公十二年六月晉襲鎮國公雍正二年九
三次襲	瑟爾臣	登塞第十一子雍正二年十二月降襲輔國公乾隆十五年八月卒諡溫僖子額爾
四次襲	額爾經阿	瑟爾臣第八子乾隆十五年十二月襲二十年八月卒兄德明阿襲
五次襲	德明阿	瑟爾臣第二子乾隆二十一年二月襲二十二年十月以罪削子德尊降襲
六次襲	德尊	德明阿第三子乾隆二十三年四月降襲三等鎮國將軍

月卒。謚恪僖。子噶爾哈圖降襲。

降襲。

月卒。謚恪恭。子瑟爾臣降襲。

經阿襲。

固山貝子

薩弼所立爵。

始封	薩弼	太祖高皇帝曾孫。多羅安平貝勒杜度第七子。順治六年十月封固山貝子。十二年二
初次襲	固鼐	薩弼第二子。順治十二年八月降襲鎮國公。十五年三月卒。謚悼愍。兄巴鼐襲。
二次襲	巴鼐	薩弼第一子。順治十八年七月襲。康熙二十三年正月卒。子阿布蘭降襲。
三次襲	阿布蘭	巴鼐第三子。康熙二十三年四月降襲輔國公。雍正元年三月晉封多羅貝勒。二年
四次襲	法爾善	阿布蘭弟法布蘭第一子。雍正五年五月襲輔國公。乾隆五年閏六月卒。謚和恭。子
五次襲	祿慶	法爾善第二子。乾隆五年十一月襲。二十三年十一月以罪降三等鎮國將軍。二十
六次襲	倫成	祿慶第一子。乾隆二十七年九月襲三等鎮國將軍。

月卒。諡懷愍。子固纂降襲。

五月。以罪降輔國公。五年閏三月。以罪削。弟之子法爾善襲。

禄康襲。

七年四月卒。子倫成襲。

固山貝子

蘇布圖所立爵。

始封

蘇布圖

太祖高皇帝曾孫。固山貝子尚建第二子。順治三年封固山貝子。五年十一月卒於軍。

諡曰愍。

除。

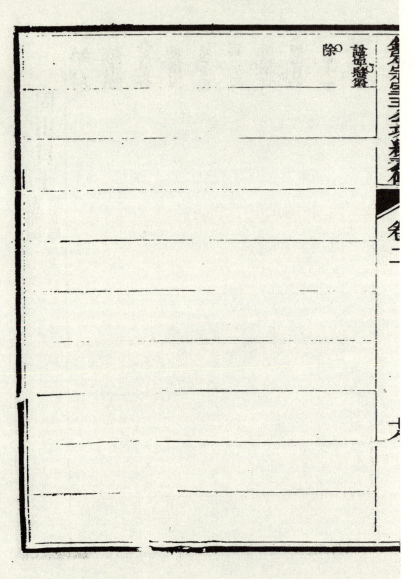

固山貝子 温齊所立爵

原封

温齊

顯祖宣皇帝元孫○鎮國公品級屯齊第二子○順治六年十月○封固山貝子○康熙十六年

二月以罪降輔國公。十八年七月以罪削爵除。

鎮國公 阿拜所立爵。

追封	阿拜	太祖高皇帝第三子。順治四年九月由三等鎮國將軍。晉三等。五年二月卒。子鞏安襲。
初次襲	鞏安	阿拜第六子。順治五年三月襲。六年十月。晉封輔國公。康熙三十年五月卒。爵除。

十年五月。

追封鎮國

公。諡勒敏。

鎮國公 巴布泰所立爵

始封	巴布泰	太祖高皇帝第九子。順治二年正月以功由三等奉國將軍晉一等。四年九月晉三等
初次襲	祜錫祿	巴布泰第三子。順治十三年九月降襲三等鎮國將軍。康熙三十四年十月以罪削
二次襲	富艮	祜錫祿第一子。康熙三十四年十月降襲三等輔國將軍。三十九年六月卒。子尼雅
三次襲	尼雅翰	富艮第二子。康熙三十九年七月降襲三等奉國將軍。雍正五年五月卒。子佛照降
四次襲	佛照	尼雅翰第四子。雍正六年十月降襲奉恩將軍。九年五月卒。弟多義襲。
五次襲	多義	尼雅翰第五子。雍正十年九月襲。乾隆四十一年十二月卒。子恩額穆襲。
六次襲	恩額穆	多義第三子。乾隆四十二年七月襲。

輔國將軍。子富良降
翰降襲。
襲。

乾隆五年封輔
襲。

國公。六年
十月晉鎮
國公。十二
年正月卒。
諡恪僖。子
祥錫襲降
襲。

鎮國公

漢岱所立爵。

原封

漢岱

顯祖宣皇帝孫。多羅誠毅貝勒穆爾哈齊第五子。順治元年四月。以功由一等奉國將軍。晉封三等輔國將軍。遞晉鎮國公。十一年十月。以罪削。十二年八月。授鎮國將軍品級。十三年四月。以罪削。爵除。

鎮國公聶克塞所立爵

原封

聶克塞

太祖高皇帝孫鎮國將軍湯古代第二子順治二年正月以功由三等奉國將軍晉封

二等。遞晉鎮國公。八年二月。以罪降輔國公。九年六月。降三等鎮國將軍。康熙四年二月卒。爵除。

鎮國公 恭阿所立爵

始封	恭阿	顯祖宣皇帝曾孫和碩貝勒阿敏第四子順治六年十月封鎮國公十一月[illegible]
初次襲	法塞	恭阿第二子順治八年閏二月降襲輔國公康熙四十九年正月卒子阿裕爾降襲
二次襲	阿裕爾	法塞第一子康熙四十九年十月降襲三等奉國將軍五十八年八月卒孫蘇赫訥
三次襲	蘇赫訥	阿裕爾子德色勒第一子康熙五十八年十二月降襲奉恩將軍雍正三年七月卒

欽定宗室王公功績表傳
卷二
法襲降襲
降襲
爵除

鎮國公品級 屯齊所立爵

始封 屯齊	顯祖宣皇帝曾孫。多羅貝勒圖倫第二子。順治六年十月封多羅貝勒。十一年十月以
初襲 富爾泰	屯齊第二子。康熙三年八月。降襲輔國公品級。二十二年三月。降三等鎮國將軍品
二次襲 彭齡	富爾泰孫。德成額第四子。乾隆四十五年三月襲。

非削十二年六月授鎮國公品級康熙三年六月卒子富爾泰降襲

級四十年六月卒爵除乾隆四十二年三月以鎮國公屯齊功賜一等奉國將軍爵世襲罔替孫彭齡襲

輔國公 塔拜所立爵

始封
塔拜
太祖高皇帝第六子○天命十年十月以功授三等輕車都尉○晉一等○尋封三等輔國將

初次襲
額克親
塔拜第二子○崇德四年九月○襲遷晉固山貝子○順治八年二月○以罪削○十二年正月

事。崇德四年九月，卒。子額克親襲。順治十年五月，追封謚國公。謚愨厚。

卒。爵除。

輔國公 賴慕布所立爵

追封	初次襲	二次襲	三次襲
賴慕布	來祜	扎坤泰	永武
太祖高皇帝第十三子順治二年二月封奉恩將軍三年五月卒子來祜襲十年五月	賴慕布第一子順治三年六月襲遞晉輔國公康熙八年五月以罪削孫扎坤泰襲	來祜子愛珠第三子乾隆元年五月襲二十二年三月卒子永武襲	扎坤泰二子乾隆二十三年七月襲二十八年十月卒爵除

追封輔國公諡介直　奉恩將軍

輔國公瑪瞻所立爵

始封

瑪瞻

太祖高皇帝孫和碩禮親王代善第六子崇德元年封輔國公三年十一月卒于軍○爵

欽定宗室王公功績表傳　卷二

除

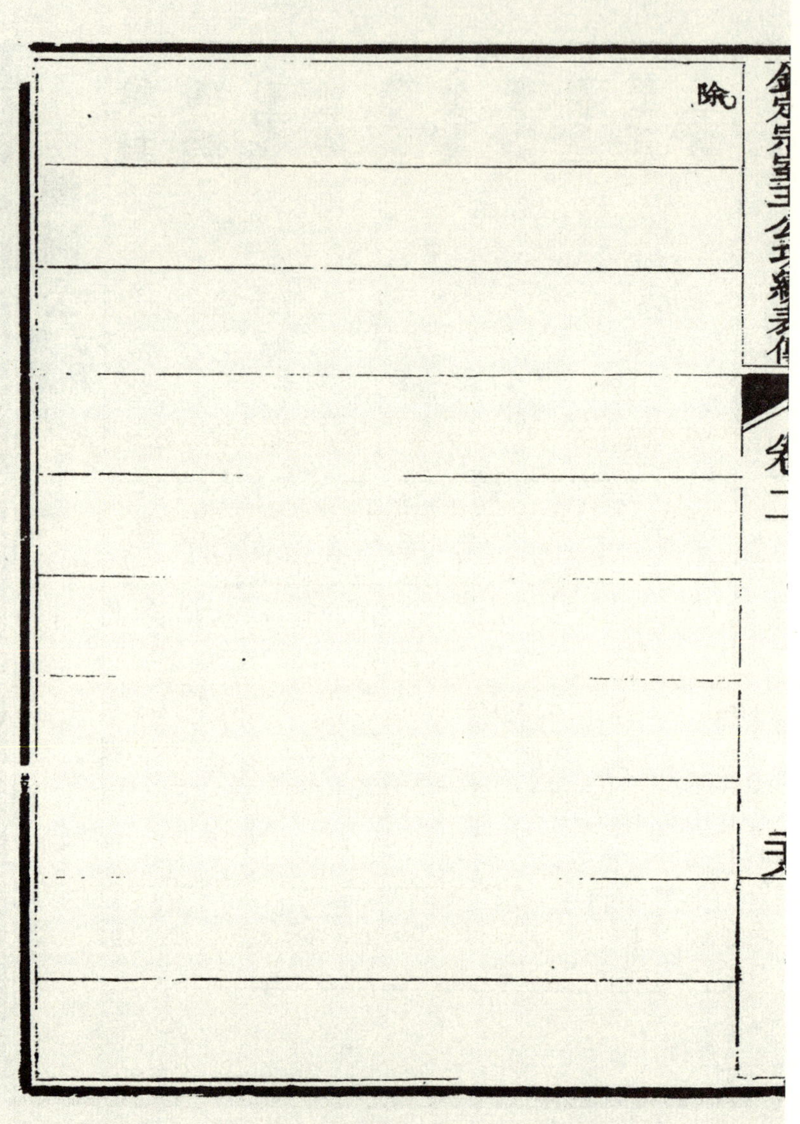

輔國公巴穆布爾善所立爵

原封

巴穆布爾善。太祖高皇帝孫輔國公塔拜第四子。順治八年閏二月。晉封輔國公。康熙八

年五月○以
罪○削爵○隆

輔國公巴爾堪所立爵。

始封	巴爾堪	顯祖宣皇帝曾孫。和碩鄭獻親王濟爾哈朗第四子。順治十一年十二月封三等輔國
初次襲	巴賽	巴爾堪第一子。雍正元年五月襲。九年六月卒于軍。謚襄愍。子奇通阿襲。
二次襲	奇通阿	巴賽第一子。雍正九年十二月襲。後襲封和碩簡親王。見鄭親王表。其原襲之輔國
三次襲	經訥亨	奇通阿第二子。乾隆三十年七月襲。四十年十一月卒。子積拉堪襲。
四次襲	積拉堪	經訥亨第一子。乾隆四十一年五月襲。

將軍十六年正月以罪削十九年八月卒於軍復原封雍正元年正月追封輔國公諡武襄子巴賽襲

公子經訥亨襲

輔國公品級 扎喀納所立爵

始封	扎喀納	顯祖宣皇帝曾孫多羅貝勒扎薩克圖第一子崇德四年封鎮國公以罪降輔國公七
初次襲	瑪喀納	扎喀納第五子康熙四年三月降襲三等鎮國將軍品級四十三年二月以罪削孫
二次襲	瑪商阿	瑪喀納子瑪禝第三子雍正十一年九月降襲三等奉國將軍品級乾隆十四年四
三次襲	英祿	瑪商阿第二子乾隆十四年十月降襲奉恩將軍品級四十年閏十月卒子福亨額
四次襲	福亨額	英祿第一子乾隆四十一年十月降襲雲騎尉品級

年十月削。順治二年二。月以功授輔國公品級。晉固山貝子。十一年十月。以罪削。十二年八月。復授輔國公品級。十六年閏三

瑪尚阿降襲。

月卒。子英祿降襲。

降襲。

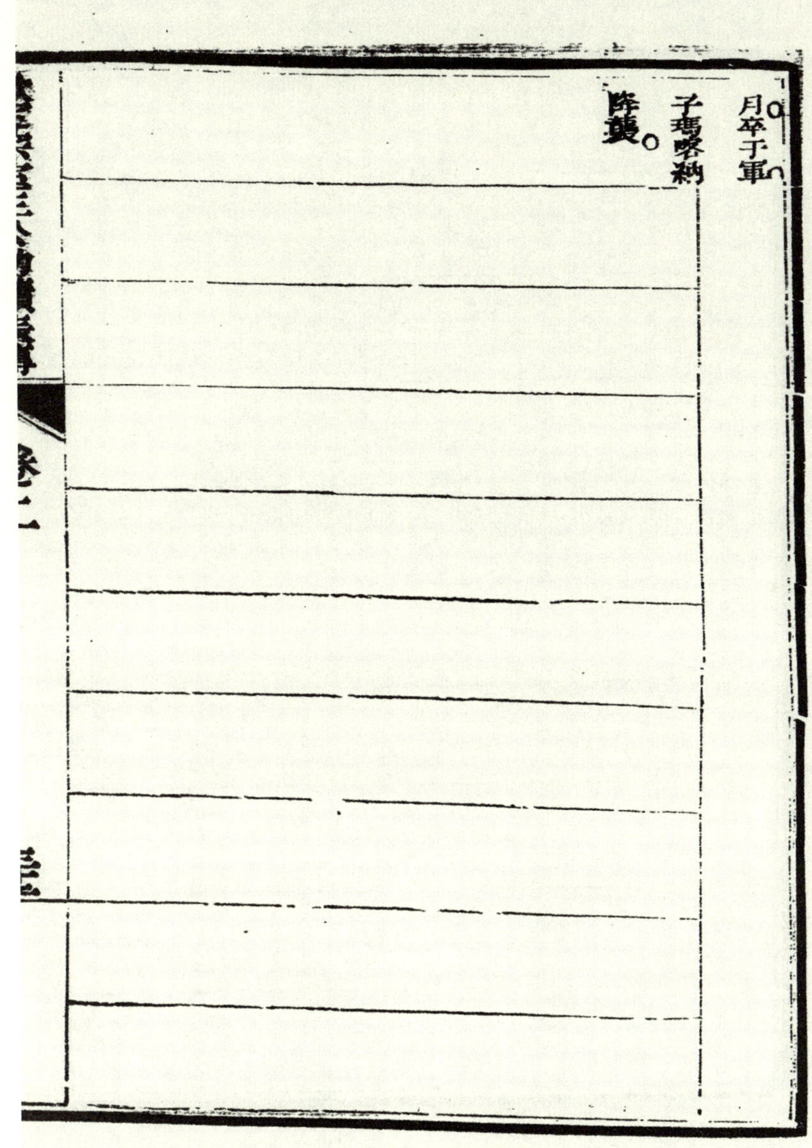

月。卒于軍。子瑪喀納降襲。

和碩貝勒

莽古爾泰所立。爵以罪黜宗室。

原封

莽古爾泰

太祖高皇帝第五子。天命元年正月以功封和碩貝勒。天聰六年十二月薨。

九年十二月。以罪追削。黜宗室籍。除。

多羅貝勒 德格類所立爵。以罪黜宗室

原封

德格類

太祖高皇帝第十子。天命十一年十月以功封多羅貝勒。天聰九年十月薨。十二月以

畢道削爵○

宗室○奪爵除○

多羅貝勒拜音圖所立爵以罪黜宗室。

原封
拜音圖
顯祖宣皇帝孫。多羅篤義貝勒巴雅喇第三子。順治六年十月封。多羅貝勒。九年三月

以罪削黜。宗室爵除

多羅貝勒

碩託所立爵。以罪黜宗室。

原封

碩託

太祖高皇帝孫，和碩禮親王代善第二子。天命十一年，封多羅貝勒。天聰四年六月以罪削。八年復封固山貝子。崇德四年降輔國公。尋復封固山貝子。八年八月以罪削黜宗室爵除。

多羅貝勒

延信所立爵以罪黜宗室

原封

延信

太宗文皇帝曾孫。多羅溫郡王猛峩第三子。雍正元年八月以功封多羅貝勒。五年奪。

二月以罪削黜宗室。爵除

欽定宗室王公功績表傳卷三

傳一　親王

和碩禮親王代善傳

代善

太祖高皇帝第二子。初封貝勒。歲丁未正月，與兄褚英隨

太祖弟貝勒舒爾哈齊往徙東海瓦爾喀部斐悠城新附人戶，軍夜行，大纛上有光，舒爾哈齊疑非吉

兆欲旋師代善同褚英持不可遂進收屯寨大敗烏拉兵萬衆於路代善追及其統兵貝勒博克多從馬上左手攫其胄而斬之

太祖嘉代善奮勇克敵

賜號古英巴圖魯癸丑正月

太祖親征烏拉既攻克遜扎塔郭多鄂謨三城布占泰率兵三萬越富勒哈城結營諸將皆欲戰

太祖曰征伐大國豈能遽使無子遺乎代善率諸將奏

言我士飽馬騰利速戰所慮者布占泰不出耳今彼既出平原廣野可一鼓擒也舍不戰厲兵秣馬何爲

太祖曰我仰荷

天眷雖遇勁敵無不單騎突陣斬將搴旗今何難身先搏戰但恐爾等或致一二被傷故欲計出萬全爾衆志既孚即可決戰因

命進烏拉兵亦出陣距百步許代善隨

太祖臨陣奮戰。大破之。遂克其城。代善邀擊潰衆。殪過半。布占泰竄葉赫。所屬城邑皆降。編戶萬家。丙辰。

太祖建元天命。封代善及舒爾哈齊長子阿敏。

太祖第五子莽古爾泰。與

太宗文皇帝並爲和碩貝勒。國中稱代善爲大貝勒。阿敏爲二貝勒。莽古爾泰爲三貝勒。

太宗文皇帝爲四貝勒。天命三年四月。

上以七大恨告

天興師征明行二日雨欲旋師代善曰我與明和久矣因其不道故興師今旣臨境若遽旋將與明復修好乎抑相讐怨乎興兵之名安能隱之天雖雨吾軍士皆有製衣弓矢亦有備雨具何慮霑濕且天降此雨以懈明邊將心使吾進兵出其不意耳是雨利我不利彼也

上曰善夜將半遂進霽月出分隊馳昧爽圍撫順城明

遊擊李永芳以城降。東州瑪哈丹二城及臺保
寨五百餘皆下。攜降衆以還。既出明邊二十里。
聞明總兵張承廕等率兵萬。來追代善同
四貝勒返戰。
上遣巴克什額爾德尼
諭止之。代善駐兵于邊。令復奏曰。彼若待我。我則與戰。
若不待。是必走矣。當乘勢追襲。無使我兵寂然
歸。致謂我怯也。

上然之。赤移師入邊。破其三營。斬承廕及副將頗廷相。參將蔣世芳遊擊梁汝貴等。四年正月。
命率大臣十六。兵五千。守扎喀關。以防明來侵。尋撤還。三月朔。偵明兵四萬出寬甸。侵我南路。六萬出撫順。侵我西路。
上以南路有兵五百駐防。
親出禦西路。
命代善前行。偵者又告明兵六萬出清河路。代善曰。清

河界道，仄崎嶇，未能驟至，當先禦撫順兵，遂與

侍衛扈爾漢等過扎喀關。

四貝勒以祀事後至，言界藩山上有築城夫役，宜急衛

之。代善方進兵太蘭岡，欲設伏待敵，從

四貝勒言，直趨界藩，見明兵攻吉林崖者約二萬，又一

軍列薩爾滸山，與阿敏、莽古爾泰及諸將議曰：

吉林崖衛夫役兵僅四百，急增千人助之，俾登

山馳下衝擊，以右翼兵夾攻之，敵衆在薩爾滸

山者以左翼兵當之遂遣千人往吉林崖。

上至。

諭知。

諭分右翼二旗兵與左翼四旗兵合先破薩爾滸山敵營其夾攻吉林崖之右翼二旗兵仍如議于是合六旗兵趨薩爾滸山明兵出陣發鎗礮我兵仰射之奮力衝擊不移時破其營而前往助吉林崖兵千人自山下擊右翼二旗兵渡水直前

夾攻陣斬明總兵杜松王宣趙夢麟等是夜明
兵別由開原出三岔口者其總兵馬林率三萬
人營尚間崖監軍道潘宗顔率萬人營斐芬山
翼日
上率
四貝勒擊明遊擊龔念遂李希泌兵一萬于斡琿鄂謨
代善以三百餘騎馳至尚間崖見林結方營掘
壕三匝壕外火器兵居前繼列騎宗顔軍其西

三里。卽馳騎告。時

上已破念遂等。不待

四貝勒收兵。

親臨尙閒崖。傳令士皆下馬步戰。左翼二旗兵下者方

四五十人。明兵已自西突至。代善告敵至。卽躍

馬直入陣。衆軍奮進。斬獲過半。翼日。

上駐蹕界藩。代善請以二十騎先歸都城。探南路敵遠

近。

上亦于是夜還都城。代善奉

命偕諸貝勒統先至軍士。禦明總兵劉綎南出瓦爾喀

什窩集。見綎兵至阿布達哩岡。

四貝勒以右翼兵登山。代善以左翼兵出其西。夾攻之。

明兵大潰。綎沒于陣。旋收降助明之朝鮮將士

以還。七月。從

上攻克明鐵嶺城。敗助明之蒙古兵。八月。

上親征葉赫。圍其貝勒錦台什所居東城。代善同衆貝

勒。圍其貝勒布揚古所居西城。東城下。布揚古及其弟布爾杭古。大懼乞盟。代善諭降之。葉赫遂平。六年三月。

上親征明瀋陽。四貝勒先敗明總兵李秉誠朱萬良姜弼等。代善偕其長子台吉岳託追四十里。斬馘甚衆。七月。鎮江城降將陳良策叛投明總兵毛文龍。

上命同莽古爾泰遷金州民于復州。十一年八月

太祖龍馭上賓岳託偕弟台吉薩哈璘議以告父代善曰

四貝勒才德冠世深契

先帝聖心衆皆悅服當嗣大位代善曰此吾素志也

天人允協其誰不從代善告阿敏莽古爾泰及衆貝勒皆曰善遂合詞請

太宗文皇帝嗣位

太宗文皇帝讓再三代善言益懇切衆議亦堅乃從之

十月。征蒙古喀爾喀扎嚕特部。擒貝勒巴克與其二子及岱青多爾濟。拉什希布桑阿爾齋等。斬貝勒鄂爾齋圖。俘其屬戶而還。天聰元年五月。從

上圍明錦州。聞明兵自山海關來援。迎擊之。遂薄寧遠城。殪敵無算。因溽暑班師。三年十月。從

上征明。入洪山口。克遵化。趨京城北土城關之東駐營。明大同總兵滿桂。宣府總兵侯世祿。率援兵至

德勝門，敗之。十二月，攻克良鄉，還，破敵永定門南，遂從
上閱薊州形勢。明兵五千自山海關至，距城二里許，與
我遇，遂立營，環列車楯鎗礮。代善麾左翼四旗
護軍攻其東，破之。四年正月，明兵部侍郎劉之
綸以兵至遵化，登山營，代善率衆環圍之，招之
綸降，不從，遂攻破其七營。之綸遁巖中，爲我軍
射殪，擒遊擊、守備各一。五年三月，

命諸貝勒直言時政。代善奏曰。刑罰不中。民有怨言。由讞獄不得人。宜選易之。八月。從上圍明大凌河城。正紅旗兵圍西北。代善軍爲策應。城外守臺明兵害我遊牧十人。掠駝馬去。代善同貝勒濟爾哈朗等以礮攻克其臺。留兵守。九月。明監軍道張春總兵吳襄等率兵四萬自錦州來援。距城十五里。代善從上統兵二萬往擊。至則敵已陣。鎗礮齊發。聲震天。我騎縱橫馳突。飛矢如雨。敵敗卻。襄及其副將桑阿爾齋遁。春等復收潰衆立營。黑雲起。大風自西來。敵乘風縱火。勢甚熾。將逼我軍。天忽雨反風。敵營燬。死者甚衆。我軍合攻之。陣斬副將張吉甫滿庫。王之敬。生擒春及副將張洪謨等。春見

上不跪

上欲誅之。代善奏曰。前所俘無不收養。此人欲以死成名。奈何殺之以遂其志。

上赦春。先是天命六年二月。
太祖命代善阿敏莽古爾泰同
太宗分月直。佐理政事。及天聰三年正月。
太宗以諸兄宜節勞。
諭以弟姪代直。每
御殿。
命代善阿敏莽古爾泰列坐左右。不令下坐。至是禮部
叅政李伯龍請定朝會班次儀制。下諸貝勒會

議。謂莽古爾泰不可並坐。代善言我等奉
上居大位。仍並列坐。甚非心所安。請
上南面中坐。我與莽古爾泰侍坐于側。外國蒙古諸貝
勒坐我等下。衆皆曰善。遂定議。六年五月。從
上征察哈爾。行二旬。過興安嶺。聞林丹汗遁。移師趨歸
化城。入明大同。宣化境。以書示沙河堡。得勝堡。
張家口諸守將。議和而還。八年五月。從
上征明。出榆林口。至宣府境。分兵自喀喇鄂博。攻克得

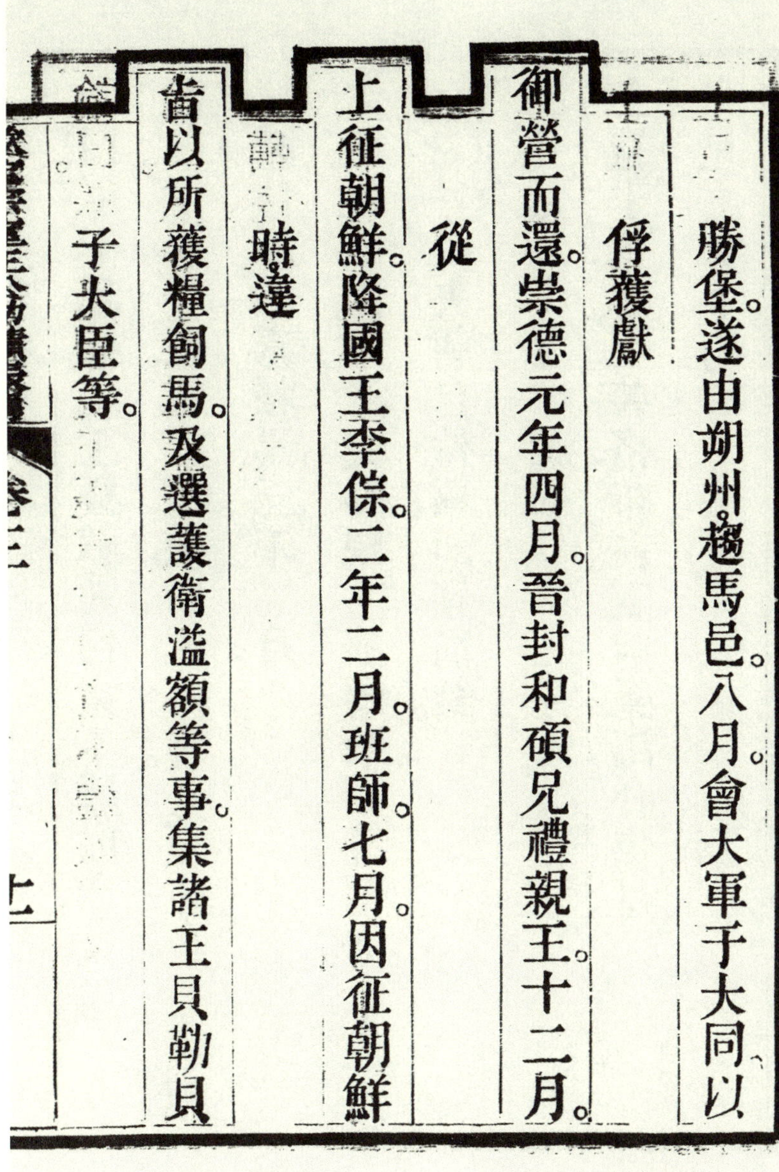

勝堡。遂由朔州。趨馬邑。八月。會大軍于大同。以俘獲獻

御營而還。崇德元年四月。晉封和碩兄禮親王。十二月。從

上征朝鮮。降國王李倧。二年二月。班師。七月。因征朝鮮時違

旨。以所獲糧飼馬。及選護衛濫額等事。集諸王貝勒貝子大臣等。

諭曰。朕于兄禮親王極敬愛。何竟不體朕意。又
諭曰。王等于朕雖盡恭敬。朕亦不喜。必須正身行義相
輔佐。朕始嘉賴焉。三年二月。
上親征喀爾喀。王與鄭親王濟爾哈朗等留守。十二月。
以失朝自檢舉。部議罰鍰。
上免之。四年十一月。從
上獵于葉赫。至英格布占。王射麞。馬仆傷足。
上見之。馳下馬。

親爲裹創。酌金卮勸飲。因泣下。諭曰。朕以兄年高。不可馳馬。曾屢勸。兄奈何不自愛。遂

罷獵。

命乘輿齊行。日十五里。或二十里。八年八月。

世祖章皇帝嗣位。王集諸王貝勒大臣議。以鄭親王濟爾哈朗、睿親王多爾袞同輔政。又發貝子碩託、郡王阿達禮欲立睿親王私議。令法司鞫誅之。碩託乃王第二子。阿達禮則王第三子穎親王

薩哈璘子也。順治元年朝元旦。

命上殿毋拜。二年春。王來京師。五年十月。薨。年六十有六。

賜祭葬銀萬兩。立碑紀功。康熙十年六月。追謚曰烈。復立碑表墓。

今上乾隆十九年九月。入祀

盛京賢王祠。四十三年正月。

詔以王與鄭親王濟爾哈朗、睿親王多爾袞、肅親王

豪格克勤郡王岳託。並

太祖

太宗

世祖時戮力行間櫛風沐雨之親藩。宜配饗

太廟。又以王等茂著壯猷克昭駿烈。初封嘉號。當長延

奕禩。

詔現襲禮親王爵之康親王。復封號曰禮。

初次襲。滿達海。禮烈親王代善第七子。崇德五

年九月。隨大軍圍明錦州。敗其杏山。松山。援兵。六年五月。封輔國公。八月。隨肅親王豪格。圍松山。以本旗兵敗敵。明總督洪承疇援蹕至。卻其三隊。旋復來犯。力拒之。所乘馬創。肅親王易以馬。甫乘而敵大至。鼓勇復擊之。殿後而還。明總兵吳三桂倚山結營自固。偕諸軍擊破之。三桂宵遁。七年四月。隨鄭親王濟爾哈朗。攻塔山。毁其城而還。八年八月。授都察院承政。順治元年四月隨睿親王多爾衮入山海關擊敗流賊李自成十月晉封固山貝子隨英親王阿濟格追勦自成由邊外趨綏德二年二月克沿邊三城及延安府自成遁湖廣躡之屢敗賊八月凱旋三年正月隨肅親王勦流賊張獻忠七月由漢中進秦州圍賊渠高如礪等于三台山如礪降十一月師至西充射殪獻忠肅親王令滿達海與貝勒尼堪等分勦遵義夔州茂州餘賊四年

八月班師。五年二月。以徇隱同征西宄之護軍
參領希爾根首功事。議罰鍰。睿親王令免之。六
年四月。襲封和碩親王。時睿親王。與英親王。敬
謹親王尼堪。端重親王博洛。先後討大同叛鎮
姜瓖。以王與兄郡王瓦克達。勦賊朔州寧武。尋
授征西大將軍。八月。克復朔州。馬邑縣。寧武關
城。寧化所。八角堡及靜樂縣。遂會端重親王軍
攻復汾州城。斬僞巡撫姜建勲。僞布政使劉秉

業等偽總兵楊振威斬瓖首獻英親王軍大同平王遣護軍統領索渾圖平遙署護軍統領希爾根圖太谷貝勒拜音圖圖沁州鎮國公漢岱圖遼州先後攻復其城屯留襄垣榆社武鄉等縣俱降十月睿親王令留兵付瓦克達勦撫餘賊王同輔國公薩弼擕應撤兵還京七年二月與端重親王敬謹親王同理六部事八月睿親王遣尚書阿哈尼堪迎朝鮮王李淏弟阿哈尼

堪白理部事諸王以理事官恩國奏代王坐徇隱罰鍰八年二月加封號曰巽尋同諸王奏削故睿親王封爵三月

命諸王分管六部王掌吏部九年二月薨年三十有一謚曰簡十六年十月追論王與睿親王素無嫌分取其所遺財物掌吏部時尚書譚泰驕縱不能糾削爵謚

二次襲常阿岱原封巽簡親王滿達海第一子

順治九年七月。襲封和碩巽親王。十六年十月。
追論滿達海罪。降常阿岱爲貝勒。康熙四年四
月薨。年三十有三。謚曰懷愍。第六子星尼降襲
固山貝子。次子錫倫圖封奉恩將軍。後俱停襲。
乾隆四十三年三月。
詔以巽親王滿達海著有勞績。
賜一等輔國將軍爵。世襲罔替。以滿達海七世孫福
色硜額襲。

三次襲傑書禮烈親王代善孫初禮烈親王第八子祜塞封鎮國公卒第三子精濟襲晉封多羅郡王卒順治六年十月以祜塞第三子傑書襲多羅郡王八年二月加號曰康十六年十二月常阿岱既降爵以傑書襲和碩親王仍號康康熙十三年六月授奉命大將軍討逆藩耿精忠九月師至浙江駐金華賊已陷温州處州都統賴塔總督李之芳駐衢州破賊于焦園紫瑯

山賊將徐尙朝引衆五萬犯金華王令都統巴雅爾副都統瑪哈達迎擊斬賊將吳榮先等兵無算十二月尙朝復引賊五萬逼金華城南十二里莊巴雅爾與總兵陳世凱等會勦破賊壘于積道山殺二萬餘復永康縉雲二縣賊將馮公輔由義烏遁武義署前鋒統領希福躡之苦竹嶺斬殪甚衆賊將沙有祥據桃花嶺梗處州路瑪哈達同總兵李榮等擊潰之副都統穆赫

林。文敗之白水洋。十四年正月。復處州府。及仙居縣。公輔、尙朝等猶據宣平。松陽。屢窺處州。都統拉哈達偕諸將禦。斷破之。石塘。石佛嶺。大王嶺。東隴隘口。上套寨。下五塘。諸處。時寧海將軍貝子傅喇塔。由黃巖規復温州。叛鎭祖宏勳。曾養性。糾賊數萬。倚山憑江。水陸抗阻。

上命傑書由衢州進。回奏處州方有賊警。金華兵力弱。難驟進。十五年三月。

諭趣之日王坐守金華將及二載徒以文移往來爲事
不親統官兵進勦逆賊何日可滅宜尅期進取毋再
遲延覬望貽誤軍機八月自金華移駐衢州敗賊于
大溪灘復江山常山二縣進攻仙霞關僞參將
金應虎迎降遂抵浦城縣攻拔之檄精忠言浦
城爲閩財賦要地今大兵攻拔已扼咽喉與其
駢頸就戮曷若立功贖罪全百萬生靈九月復
建陽撫降建寧延平二府精忠震慴無措遣其

子顯祚來迎王遣齎示免死
敕諭精忠出城六十里迎降十月王入駐福州奏精忠
請隨大軍勦海賊鄭錦以贖罪
上報可時錦僞總統許耀衆三萬結寨烏龍江之南小
門山及真鳳山王遣拉哈達等擊走之十一月
疏言精忠出勦海賊其弟昭忠聚忠宜以一人
來福州統轄藩屬又疏言福建經制兵已照原
額全設精忠隨大軍所率佐領下兵數已不少

其左右兩鎮官兵可並裁。宏勳、養性應令赴京候補。

上命耿昭忠爲鎮平將軍，駐福州。餘俱如所請。是月，王遣穆赫林擊敗僞將軍吳淑于浦塘，復邵武府。進師泰寧，僞總兵王安邦等降，汀州府及所屬諸縣悉復。十六年正月，拉哈達、賴塔破賊將趙得勝、何祐等二十六營于白茅山、太平山諸處，復興化府。三月，復泉州、漳州二府。奏入，得旨。王統率官兵自衢州入仙霞關。直抵福州。勦撫並用。所向克捷。擊逐海賊。收復全閩。安輯百姓。克奏膚功。深爲可嘉。三月。疏言福建既平。臣卽欲統兵入粵。但省會重地。未可輕離。且距漳州遠。恐遲至炎暑。難進師。先就現駐漳州汀州騎兵。令將軍拉哈達等。率同耿精忠赴潮州。尋遣總兵馬三奇同前鋒叅領都克納敗海賊于龍溪班山。副都統楊鳳翔守泉州。敗來犯賊五千餘。十七年閏三

月海賊犯漳州提督段應舉卻之四月賊陷平和環逼海澄穆赫林應舉守禦越七旬外援不至城遂陷長泰亦陷賊王以援遲請罷

詔俟師旋日再議七月賊陷同安惠安王遣副都統禪布提督楊捷復之九月賴塔等破賊于蜈蚣山復長泰尋破賊于柯鐙山萬松關副都統吉勒塔布同捷破賊將劉國軒于江東橋又敗之潮溝副都統瑚圖破吳淑于石街寨十八年正月

吉勒塔布。擊敗國軒于郭塘歐溪頭。三月。賊犯江東橋。吉勒塔布卻之。追勦至太平寨。斬賊千餘。十月。吉勒塔布敗賊于鰲頭山。副都統沃申。攻克東石城。十九年二月。沃申勦平大定小定。玉洲。石馬。諸賊巢。復海澄。水師提督萬正色。克海壇。三月。拉哈達。擊等克廈門。金門。賴塔克銅山。餘賊悉竄臺灣。先是精忠爲藩下叅領徐鴻弼等。首其歸順後尚蓄逆謀。王疏請逮治。

上密諭王令自請來京至是精忠自請入
覲王亦奉
詔班師五月疏言福建投誠兵甚多需餉浩繁廈門金
門已恢復宜留八旗兵六百守泉州二千四百
分守福州漳州餘皆隨還十月至京
上率王大臣至盧溝橋迎勞十一月
命預議政二十一年十二月追論前在金華數年頓兵
不進及至福建又遲援海澄銷去軍功罰俸一

年。二十四年十二月。順天府丞王維珍。以旗人與房山縣民爭煤窯。自稱康親王府差委。鼓衆鬨堂肆詬狀疏聞。下部逮究。旗人四舒華善辱詈職官。俱擬枷責。上嘉維珍無所瞻顧。下部議敘。諭閣臣曰。旗下惡棍干預詞訟。久經嚴禁。四舒等挾制官司。横肆詬詈。情殊可惡。再加嚴審治罪。其主一併察議。大學士勒德洪奏其主即康親王傑書。

上曰朕止論事之是非不論其爲何人也于是法司覈勘四舒論斬華善論絞王府護衛及管煤官降革有差王坐失察罰俸如例二十九年七月率兵屯歸化城備剿噶爾丹尋以大將軍裕親王福全將抵烏蘭布通

詔移師會之至則賊已竄十月撤還三十六年閏三月薨年五十有三謚曰良

四次襲椿泰康良親王傑書第六子康熙三十

六年七月。襲封和碩康親王。四十八年五月薨。年二十有七。謚曰悼。

五次襲。崇安。康熙親王椿泰第一子。康熙四十八年十月。襲封和碩康親王。雍正五年十二月。掌宗人府事。十一年九月。薨。年三十有九。謚曰修。

六次襲。巴爾圖。康良親王傑書第五子。康熙三十三年。四月。封三等輔國將軍。雍正十二年四

月襲封和碩康親王乾隆十八年三月薨年八十諡曰簡

七次襲永恩康修親王崇安第二子雍正十二年四月封多羅貝勒乾隆十八年五月襲封和碩康親王十九年十一月總理正黄旗覺羅學四十三年正月

命復禮烈親王始封之號仍爲禮親王

和碩英親王阿濟格傳

阿濟格

太祖高皇帝第十二子初授台吉天命十年十一月科爾沁台吉奥巴苦察哈爾林丹汗之虐來乞援阿濟格隨三貝勒莽古爾泰等征之至農安塔林丹汗遁乃還十一年四月同台吉碩託征喀爾喀巴林部十月隨大貝勒代善征扎嚕特部有功是年封貝勒天聰元年正月同二貝勒阿

敏等征朝鮮。克五城。五月。從

上征明。同莽古爾泰等。率偏師衛塔山糧運。敗明兵二

萬。會大軍于錦州。進薄寧遠城北。明援兵千餘。

掘壕爲車營。列火器以拒。阿濟格殲之。明總兵

滿桂出城東二里陣。

上欲進擊。阿濟格請從。諸貝勒以距城近。不可攻。勸阻

甚力。

上怒。

親率阿濟格等馳擊明前隊騎兵。追至城下。盡殪之。諸貝勒皆愧奮。不及冑。馳進。分擊步卒。斬馘無算。二年三月。以擅主弟貝勒多鐸婚。削爵。尋復之。三年八月。同貝勒濟爾哈朗等略明錦州。寧遠。焚其積聚。俘獲三千計。十月。從上征明。率左翼四旗及蒙古兵。克龍井關。明漢兒莊副將易愛。洪山口參將王遵臣。來援。斬之。殲其衆。進圍漢兒莊。明守將李豐降。十一月。大軍克洪

山口至遵化明山海關總兵趙率教以精兵來
援阿濟格奮擊率教敗走會
上以數騎視遵化城垣因遮擊敗兵阿濟格追斬率教
于陣並戮其副將以下官遂進薄京城明寧遠
巡撫袁崇煥錦州總兵祖大壽以援兵二萬屯
廣渠門外我師追殺至城壕阿濟格馬創死始
還十二月同貝勒阿巴泰等畧通州焚其船克
張家灣尋從

上閱薊州形勢。遇明山海關援兵五千于城外。同代善等突入敵營。殲之。五年三月。

命諸貝勒直言時政。阿濟格奏曰。臣愚魯無能。致煩聖慮。自今願痛改前非。勉勵職業。八月。

上征明。由白土場趨廣寧。阿濟格同貝勒德格類岳託率兵二萬。由義州進大凌河。與大軍會。夜圍錦州。敵兵襲阿濟格營。時大霧。人覿面不相識。阿濟格嚴陣待。忽青氣自天下。衝敵陣。霧中開如門。貝之霽。急擊。大敗之。擒遊擊一、獲甲械及馬二百餘。上親勞。以金巵酌賜。九月，諭：授圖城方畧。覘察援兵。勿以敵寡輕戰墮計中。尋聞明增兵來援。命額駙揚古利。率八旗護軍之半。往益阿濟格軍。時錦州兵七千。逐我偵者于小凌河岸。寀近

御前衛兵不滿二百

上擐甲渡河直入敵陣敗之阿濟格繼至敵復出步軍

列壕外騎兵翼其後阿濟格奮前破其步卒斬

副將一于是

上以所統兵付阿濟格明監軍道張春等復以兵四萬

援錦州我師迎擊于大凌河截殺過半逐北追

天聰六年五月從

上征察哈爾林丹汗遁阿濟格統左翼及蒙古兵略大

同宣府明兵懼盡獻張家口所貯犒邊財物七
月師旋七年三月
命築通遠堡城以兵駐守五月明降將孔有德等自登
州海道來歸爲明總兵黃龍所遮朝鮮復扼之
阿濟格同濟爾哈朗貝勒杜度等往迎立營江
岸明與朝鮮兵望見皆引退有德等輜重得畢
至六月
詔問征明及朝鮮察哈爾三者何先奏言臣意當攻明

以耕耘畢興師

皇上親駐關外諸貝勒將帥率大軍進關攻略城堡招撫人民然後相敵形勢酌量緩急而行計之得也八月同阿巴泰等略山海關俘獲甚衆師還

上怒以不能乘勝入關詔切責阿濟格奏臣欲息馬運糧諸貝勒不從

上曰汝果能堅執不從諸貝勒誰棄汝而來朕非欲加罪于爾等自後當謹識朕言耳八年五月從

上征明同貝勒多爾袞多鐸自巴顏珠爾克入龍門口
遇明兵敗之進攻龍門未下趨保安州克其城
斬守備一謁
上于應州籍俘獲數以
聞八月拔靈邱斬知縣守備師還崇德元年四月敘功
晉封多羅武英郡王五月同阿巴泰征明克雕
鶚堡長安嶺堡薄延慶州先後克定興安肅容
城安州雄縣東安文安寶坻順義昌平遇敵五

十六戰皆捷俘人畜十數萬擒總兵巢丕昌等
又遣都統譚泰等設伏斬遵化三屯營守將我
師方出關明兵躡我後還擊殲之獲馬百四十
餘捷
聞
旨嘉奬
賜鞍馬一九月師旋
駕出地載門十里迎勞設宴

上見王遠征勞瘠爲之惻然

命坐于右側

親以金巵酌賜十二月

上征朝鮮令駐守牛莊二年三月以貝子碩託等攻皮

島久未下

命引兵千往助四月至軍令都統薩穆什哈率護軍前

進都統阿山等率銳卒乘小舟疾攻西北隅兵

部承政車爾格督八旗及漢軍朝鮮等兵乘巨

艦。逼其城。都統石廷柱戶部承政馬福塔從北
隅督戰。敵不能支。遂克皮島。斬總兵沈世奎並
諸路來援者俘戶三千有奇。船七十。貲畜無算。
上遣使褒諭。十二月。遣軍自牛莊。入白土場遇明兵于
淸河岸敗之。四年二月。從
上征明。率所部至大凌河東。揚言欲以紅衣礮攻臺。守
卒懼。四里屯張剛屯。寶林寺莊民屯于家屯。成
化峪。道爾彰等俱下。尋率四旗護軍還守塔山。

連山。俘人馬千計。三月。
上遣四旗騎兵往助。四月。自連山會
御營于義州南山岡。班師。九月。略錦州。寧遠界。六年三
月。同鄭親王濟爾哈朗。圍錦州。其守郛蒙古台
吉吳巴什等密議降。爲明總兵祖大壽所覺。接
戰。王乘夜登城助擊。明兵敗。乃徙蒙古及明兵
降者于義州。事詳鄭獻親王傳。四月。敗明援兵
于松山北嶺。六月。復敗明關內援兵。追擊。薄松

山城。獲馬五十餘。七月。

上以阿濟格克敵奏捷。勞績可嘉。

賜銀四千兩。八月。明總督洪承疇率總兵吳三桂。王樸

等。來援錦州。兵號十三萬。

上親征。大軍營松山。明兵懼。將奔塔山。王追擊之。獲其

筆架山積粟。復往塔山。邀擊明兵。敗奔者。又同

睿親王多爾袞。克敵臺四。擒副將王希賢。叅將

崔定國。都司楊重鎮等。三桂。樸。僅以身免。方三

桂等之敗也明錦州松山杏山高橋諸路兵猶
固守不下九月
駕還盛京王同杜度阿巴泰多鐸等分圍之十一月承
晝夜出松山兵來襲我軍沿壕射敵返走城閉
不得入降其衆二千餘七年二月圍杏山遣前
鋒統領鄂莫克圖等略寧遠遣護衛及親軍策
應誘殺三桂等追兵三月三桂復率兵四千駐
塔山分兵至高橋不戰而退遂縱兵追至連山

斬三十人。獲馬三十。師逾寧遠城西十里。審視糧運海道。寧遠兵出犯。又擊敗之。四月。凱旋。十月。議王駐高橋時。言軍行勞苦語。又縱敵人私行獵。及

上御殿宴賚。不俟賞先歸等罪。削爵

詔從寬罰鍰。又議值敏惠恭和元妃喪時。王歌舞。應幽禁。

詔免罪。八年九月。復同鄭親王征寧遠軍城北塡壕布

雲梯以礮急攻城頽敵潰斬遊擊吴良弼都司
王國安等二十餘員直抵前屯衛立營柵復移
礮城西攻之斬總兵李輔明袁尚仁等三十餘
員兵四千餘明中前所總兵黄色棄城遁進拔
之順治元年四月同睿親王多爾袞入山海關
破流賊李自成十月晉封和碩英親王
賜鞍馬二尋
命爲靖遠大將軍由沿邊趨陝西斷賊歸路先是宣府

巡撫李鑑。以赤城道朱壽鑾。貪酷不法。將劾之。壽鑾遣子入京。囑素識之旗人緯書泰。求王給印札與鑑。令貰壽鑾罪。至是王出師過宣府。召諭鑑曰。壽鑾忠良。宜釋免。鑑曰。此重犯。若擅釋之。王亦不便。緯書泰時在側。叱之曰。爾何不懼王。而反懼沖齡

皇帝耶。鑑艴然去。王復遣緯書泰。與總兵劉芳名強之

不可。事

聞。壽黎。綽書奏。俱伏誅。

賚鑑金幣。二年二月。以王擅出邊。至土默特。鄂爾多斯

逗遛需索。

諭趣之。尋奏大軍入邊。勦賊。八戰皆捷。陝西屬城。克者

四。降者三十八。時自成已爲豫親王多鐸所敗。

棄西安。據商州。

上命多鐸還趨江南。而以阿濟格追勦流賊。方自成南

走時。擕賊十三萬。并湖廣襄陽。承天。荆州。德安

守禦賊七萬聲言欲取南京水陸齊下王分兵躡其後追及于鄧州承天德安武昌富池口桑家口九江屢敗賊撫其降者窮追至賊老營大破之自成僅以步卒二十人遁斬其兩叔父及僞汝侯劉宗敏于軍僞軍師宋獻策總兵左光先等皆就俘是役凡十三戰皆大捷故明寧南侯左良玉子夢庚方泊軍九江聞大軍至執總督袁繼咸等率總兵官十二馬步兵十萬舟數

萬。詣軍門降計所下河南屬城十二。湖廣屬城三十九。江西屬城六。江南屬城六。皆設官撫定。閏六月。捷

聞。

命侍臣赴軍慰勞。復

諭曰。王克奏膚勳。不勝嘉悅。念王及行間將士。馳驅跋涉。懸崖峻嶺。深江大河。萬有餘里。可謂勞苦而功高矣。寇氛既靖。宜即班師。其招撫餘兵。應留充軍伍。或

散歸田里。王與諸大臣商榷行之。八月。師旋。方自成遁時。王誑報已死。又不候旨班師。攝政王多爾袞。傳語以王等有罪。不遣迎。但于午門會齊歸第。復議前脅李鑑令釋朱壽鍫。又擅索土默特鄂爾多斯馬。降郡王。罰銀五千兩。又王在軍中。嘗稱上爲孺子。諭隨征都統公譚泰。等集衆暴其罪。譚泰等匿之。至是論罪。譚泰等降革有差。三年正月。以張蓋坐午門罪之。未幾。復原爵。五年八月。勦平天津曹縣土寇。十一月。喀爾喀行獵近邊。

命赴大同駐守。十二月。大同總兵姜瓖聞大兵將至。疑襲已。據城叛。附近十一城皆應。王至。夜圍之。事

聞。卽

命王為平西大將軍。以都統巴顏等率兵會討。六年正月。賊黨劉遷犯代州。據外郛。章京愛松古。遊擊

高得勝被圍遣端重郡王博洛等往援破斬賊渠郎芳遷遁去三月攝政王至大同會王兩妃卒攝政王諭令先歸王啟云予不希富貴但丈夫重名譽欲佐命效力俾後世垂名史冊耳顧以妻死棄大事而歸乎卒不行四月復奉衛

命還京六月遣人啟攝政王言輔政德豫親王征流寇至望都潛身僻地破潼關西安不殲其衆追騰機思不取其國功績未著不當優異其子鄭親

王乃叔父子不當稱叔王予乃
太祖之子
皇帝之叔當以予爲叔王攝政王拒之曰德豫親王薨
未久何忍出此言曩者令爾征流寇德豫親王
征江南爾逗遛邊外德豫親王乃破流寇克西
安平定江南河南浙江追騰機思敗喀爾喀二
汗兵功較爾甚多且原係親王爾原爲郡王其
一子吾養爲子一子襲王爵何謂優異鄭親王

雖叔父子原係親王爾安得妄思越分自請爲叔王已而王復請營府第于是攝政王廷數其罪曰爾前往大同擅加大同宣府文武官各一級私除各處職官違令攻渾源州又與郡王瓦克達私贈財物姑免治罪嗣後勿復預部務接漢官八月復同貝子鞏阿岱統兵征大同九月僞總兵楊振威斬瓖及其兄琳弟有光詣軍門降大兵入城誅從逆吏民墮大同城堞堄五尺

班師八年正月攝政王薨于喀喇河屯王赴喪次卽歸帳其夜諸王赴臨王獨不至而私遣人至京名其第五子郡王勞親以兵迎脅攝政王所屬人附己詐言攝政王悔以多爾博爲子曾取勞親入正白旗又怨攝政王不令豫親王子多尼詣己詰責豫親王舊屬阿爾津僧格且諷端重親王博洛等速推己攝政至石門

上迎喪王不去佩刀勞親兵至王張纛與合隊左右坐

舉動甚悖攝政王近侍額克親吳拜蘇拜等首其欲爲亂鄭親王等卽于路監守之至京鞫實議削爵幽禁降勞親貝子閏二月以初議罪尚輕下諸王大臣再議移繫別室籍其家子勞親等皆黜宗室三月阿濟格于獄中私藏兵器事覺諸王大臣復議阿濟格前犯重罪

皇上從寛免死復加恩養給三百婦女役使及僮僕牲畜金銀什物乃仍起亂心藏刀四口欲暗掘地

道與其子及心腹人約期出獄罪何可貸應裁減一切止給婦女十口及隨身服用餘均追取入官十月監者復告阿濟格謀于獄中舉火於是論死

賜自盡爵除第一子和度初封輔國公順治元年封固山貝子三年十月卒第二子傅勒赫順治二年封鎭國公八年削爵十七年三月卒十八年四月以傅勒赫因父罪被黜復封其次子構孳爲

輔國公。康熙五年三月卒。構孳弟綽克都。康熙

四年正月。封輔國公。二十七年十月。任

盛京將軍。三十七年四月。以不稱職革任。十一月。

復議綽克都久任將軍。不能訓練。削爵。

初次襲普照。綽克都第八子。康熙三十七年十

一月。宗人府議革綽克都公爵。不准承襲。得

旨。照議不准承襲。則英王一支絶矣。此公爵著其子普

照承襲。十二月。襲封輔國公。五十二年十一月。議普

照恭送

淑惠妃發引違例乘馬削爵以弟經照襲雍正元年三月復以軍前効力封輔國公尋署領侍衛內大臣四月署鑲藍旗護軍統領兼理右翼前鋒統領五月署西安將軍七月授宗人府右宗人二年七月任鑲藍旗滿洲都統九月卒年三十有四十一月子恒冉襲三年九月

諭宗人府曰普照之子恒冉現在承襲公爵其家原不

應有二公向因普照在軍前効力尚屬勤謹且年羹堯之妻係普照兄女朕因年羹堯青海之功又念普照原係承襲公爵之人是以特授爲輔國公今年羹堯如此背負朕恩其普照之公爵著不必承襲十年六月追議普照受年羹堯銀兩削爵

二次襲經照綽克都第九子康熙五十二年十二月襲封輔國公雍正十年六月以冒領所屬護軍校錢糧削爵

三次襲璐達綽克都孫閒散宗室隆德子雍正十年十二月襲封奉恩輔國公乾隆六年三月卒年三十有七謚曰恭簡

四次襲麟魁恭簡輔國公璐達第一子乾隆六年七月襲封奉恩輔國公十年十二月以殘虐削爵

五次襲九成綽克都孫閒散宗室興綬子乾隆十一年四月襲封奉恩輔國公二十五年五月

以値班時隱匿金水河淹斃人事削爵
六次襲謙德九成第四子乾隆二十五年六月
降襲三等鎮國將軍三十二年三月卒年十九
七次襲順德九成第七子乾隆三十二年六月
降襲奉恩將軍四十三年正月

諭曰朕覽
實錄載英親王阿濟格秉心不純往追流賊誑報已死
又擅至沿邊索馬且向巡撫囑託公事過驕聒著

雖前此亦有微功究不足以抵其罪黜爵實由自
取至其子孫前俱降爲庶人削其宗籍
皇祖御極之初曾加恩將伊次子傳勒赫復還宗支追
封公爵遞襲其餘諸子仍行除籍嗣於康熙五十
二年復賞
恩將伊第三子伯爾遜第八子佟塞第十子鄂拜第十
一子班進泰各支賜給紅帶子附入
玉牒今思傳勒赫一支旣已作爲宗室襲爵其有後之

伯爾遜等各支及無後之和度等同係英親王之子孫似毋庸復爲區别因推廣

皇祖恩意著交宗人府一體查明復還黄帶子列入宗譜。

欽定宗室王公功績表傳卷三

欽定宗室王公功績表傳卷四

傳二 親王

和碩睿親王多爾衮傳

多爾衮

太祖高皇帝第十四子初封貝勒天聰二年二月

上征察哈爾多羅特部大敗之敖穆掄俘獲萬餘以多

爾衮從征有功

賜號墨爾根岱青三年十月從

上自龍井關入明邊與三貝勒莽古爾泰等攻漢兒莊
降之十一月先驅赴通州相視渡口捕哨卒從
上攻明北京敗寧遠巡撫袁崇煥錦州總兵祖大壽援
兵於廣渠門外十二月遇明山海關援兵於薊
州殲之四年二月
上自灤河旋蹕多爾袞與莽古爾泰先行破敵營斬級
六十獲馬八五年三月
命諸貝勒直言時政多爾袞奏曰讞獄重務凡任事諸

臣當悉心詳議不可苟且塞責七月初設六部

命掌吏部事八月從

上圍大凌河城明兵出誘戰多爾袞偕諸將衝入陣敵

壁壕死者百餘城上礮矢齊發我將士有陣沒

者

上切責其從官曰定例遇敵時貝勒坐鎮軍中令諸將

率兵擊之今貝勒輕自進戰爾等何不阻止倘有踈

失爾等死不足蔽辜矣十月祖大壽以城降約獻錦

州。縱之去。多爾袞與貝勒阿巴泰等以兵四千

隨大壽作潰奔狀。錦州兵分路迎。並爲我軍擊

敗。事詳阿巴泰傳。六年五月。從

上征察哈爾。與貝勒濟爾哈朗。俘其部衆千餘於歸化

城西南黄河岸。七年六月。

詔問征明。及朝鮮。察哈爾。三者何先。奏言宜整兵馬。乘

穀熟時入明邊。圍北京。截其援兵。毁其屯堡。爲

久駐計。可坐待其敝也。八年五月。從

上征明入龍門口敗明兵克保安州事詳英親王傳復
略朔州至五臺山而還先是我軍征察哈爾林
丹汗西渡河欲奔唐古特行至大草灘病卒其
子額哲率千餘戶留托里圖九年二月
上命多爾袞與貝勒岳託薩哈璘豪格統兵一萬招之
四月至錫喇珠爾格降其台吉索諾木及所屬
千五百戶進逼托里圖恐其衆驚潰按兵不動
額哲母蘇泰太后葉赫貝勒錦台什女孫也其弟南楚暨

族叔祖阿什達爾漢皆爲我大臣遣宣
諭慰撫額哲遂奉其母率宰桑台吉等衆迎降時鄂爾
多斯部濟農誘額哲往附既盟且行矣追留之
諭盡返所攜察哈爾人衆不然即移兵討濟農
懼盡送於軍六月師還渡河岳託率兵千衛降
衆駐歸化城多爾衮與兩貝勒攜額哲及宰桑
台吉等征明自平魯衛至朔州毀寧武關署代
州忻州崞縣黑峯口及應州斬級六千餘俘獲

無算。仍由歸化城携降衆還察哈爾。有元玉璽。交龍紐。鐫漢篆曰制誥之寶。順帝失之沙漠。越二百餘年。有牧山麓者。見羊不食草。以蹄掘地。發之乃璽。歸於元裔博碩克圖汗。後爲林丹汗所得。至是多爾袞令額哲獻於

上。衆貝勒大臣以蒙古悉臣服。且得前代璽。表上

尊號。事具頴毅親王傳。崇德元年四月。晉封和碩睿親王。八月。

上以武英郡王阿濟格饒餘貝勒阿巴泰統師征明巳越北京。

諭王同豫親王多鐸等征山海關。以牽制明兵至錦州。收降城中士人胡有陞張紹禎門世文門世科秦永福等。聞武英郡王奏捷。乃班師。十二月。從

上征朝鮮。二年正月。同肅親王豪格別從寬甸路入長山口。克昌州。敗其兵於寧遠城下。又以五十人追敗其黃州援兵萬五千。進攻江華島。以紅衣

礮擊潰船四十乘，勝入島，殪伏兵千餘，克其城，

獲朝鮮王妃及其二子。國王李倧窮蹙乞降。

上班師。

命王約束後軍。攜朝鮮質子李溰、李淏及大臣子以還。

三年二月

上親征喀爾喀，以王與禮親王代善等留守，並監築遼陽都爾弼城。逾月工竣，改名屏城。復同阿巴泰

董治

盛京至遼河大路廣十丈高三尺夾以壕八月授
奉命大將軍統左翼兵征明自董家口東登山
毀邊牆入掩其無備取青山營遣人約右翼兵
會通州河西越北京至涿州分兵八道右傍西
山麓左沿運河長驅並進自北京西千里內明
將卒皆潰遁略地至山西界而還復東趨臨清
渡運河攻濟南破之還略天津遷安由太平寨
出青山關凡二十餘戰皆捷克城四十餘降者

六。俘戶口二十五萬有奇。四年四月。凱旋。
賜馬五。銀二萬兩。五年六月。同肅親王等赴明義州屯
田。
諭以駐營近錦州。斷敵往來路。至則攻克錦州城西九
臺。盡刈其禾稼。又攻克小麦河西二臺。七月。明
兵五百出錦州城。夜襲我鑲藍旗營。擊卻之。斬
八人。明總督洪承疇至寧遠。分兵據杏山營城
下。王擊敗其騎兵。獲馬七十。

上遣人傳

諭曰王等但固守營壘俟敵來犯乃擊之是月敵兵千餘出戰卻復入擊斬甚衆獲馬百餘旋復斬其出樵者八十六人又追斬明兵夜入義州戕我屯卒者九月敗敵杏山城北擊松山援兵獲馬四甲仗六年二月攻廣寧山城擊斬松山援兵二百四十及出獵小凌河之錦州兵百七十餘是時圍錦州之王貝勒等移營去城三十里又

令每旗一將校率每佐領下甲五人先歸
上遣鄭親王濟爾哈朗往代傳
諭王曰前令爾等圍錦州由遠漸近以困之今離城遠
駐致敵人田獵輓運任意往來軍律何在若久駐馬
疲當遍察以定去留仍嚴懲不善牧者乃均派遣還
尤屬錯謬其由何人倡議各指名擬罪王回奏臣因
敵兵在錦州松山杏山三城者其馬皆牧牠處
若彼來犯可更番抵禦是以遣每旗官一員率

每佐領下五人還牧馬修治甲冑器械又因書
駐近城處草盡移遠就牧皆臣倡議應治臣罪
上又遣內大臣等至遼河傳
諭曰朕愛爾過於諸子弟賚予獨厚以爾勤勞國政恪
遵朕命故也今於圍敵緊要之時離城遠駐遣兵歸
家何違命若此其自行議罪王奏臣識庸慮短背違
諭旨罪應死
上命降爲郡王罰銀萬兩奪兩佐領戶口六月同肅親

王往代鄭親王等圍錦州。承疇率王樸、李輔明、唐通、白廣恩、曹變蛟、馬科、王廷臣、吳三桂、八大將合兵十三萬，次松山，屢迎戰，王擊卻之。以敵兵多，請濟師。

上親統大軍疾馳六日，至戚家堡。

遣大學士剛林

諭王以立營高橋。王令剛林代奏：

聖駕親臨，臣等勇氣增倍。惟務進攻，但明兵甚衆，臣等

屢攻戰微有損傷若再速戰恐力不及遽立營
高橋慮敵入潛約錦州松山兩處兵夾攻請
上駐營松山杏山間
上從之自烏欣河南山至海綿亘列營明兵屢犯我鑲
藍旗鑲紅旗諸汛旣敗郤何我軍歸營輒來犯
上張黄葢指揮布陣明將士望見皆潰遁王偕貝子洛
託等邀塔山大路横擊之敵死者相枕藉遂攜
紅衣礮攻克塔山外四臺擒明副將王希賢等

三桂棄由杏山奔寧遠九月王還

盛京十一月徃代貝勒杜度等圍錦州七年二月

下松山城承疇就擒三月克錦州祖大壽降四

月移師克塔山城殲其官屬及兵七千復以礮

攻杏山城管糧官朱廷榭副將呂品奇降盡毁

松山塔山杏山三城乃班師七月敘功復爵和

碩睿親王八年八月

世祖章皇帝即位禮親王集諸王貝勒大臣議以鄭親

王與王輔政王自誓曰如不秉公輔理妄自尊
大
天地譴之越日郡王阿達禮潛語王曰王正大位我當
從王貝子碩託亦言內大臣及侍衛皆從我謀
王可自立王遂與禮親王發其謀阿達禮碩託
並伏誅十二月同鄭親王集衆定議罷諸王貝
勒貝子管理六部順治元年正月郤朝鮮國王
李倧餽物告鄭親王及諸大臣曰朝鮮國王因

予取江華島時全其妻子常以禮來餽較諸王

獨厚向曾奏聞

先帝受之今我等輔政誼無私交不當受遂定議禁外

國餽送諸王貝勒是月鄭親王集內三院六部

諸大臣諭以凡政事先白王書銜名亦先之三

月都統和洛輝等許肅親王怨王不立巳語言

悖妄因集衆定讞削肅親王爵以議政大臣楊

善等諂附謀亂誅之四月

上御篤恭殿。授王奉命大將軍印。給
御用纛蓋。
敕便宜行事。率武英郡王。豫郡王。恭順王孔有德。懷順王耿仲明。智順王尚可喜等征明。師次翁後。明平西伯吳三桂。自山海關書來請兵。王得書。即移錦州紅衣礮向山海關。復三桂書曰。我國向欲與明修好。屢致書。明君臣不計國家喪亂。生民塗炭。曾無一言答。是以整師三入。蓋示意於明欲其熟籌通好今則不復出此惟底定中原與民休息而已今聞流賊攻陷京都崇禎帝慘亡不勝髮指用率仁義之師沈舟破釜誓不返旌必滅賊出民水火伯遣使致書思報主恩與流賊不共戴天誠忠臣之義勿因向守遼東與我爲敵尚復懷疑昔管仲射桓公鈎桓公用爲仲父以成霸業伯若率衆來歸必封以故土晉爲藩王國讐可報身家可保世世子孫長享富

貴。師次連山。三桂復遣請速進。夜馳踰寧遠。次沙河。距關十里。三桂報賊已出邊立寨。王令諸王迎擊。敗賊將唐通於一片石。師至關。三桂出迎。王令三桂歸營。兵各以白布繫肩爲識。恐與賊混致誤殺。使先驅入關。時李自成率賊二十餘萬。自北山橫亘至海。列陣待我兵。少對賊布陣。不能及海岸。王令曰。流賊橫行久。獷且衆。不可輕擊。吾觀其陣大。相去遠。首尾不能顧。可鱗次集我兵對賊陣尾伺其氣衰突之必勝努力破此則大業成矣勿違節制越伍躁進陣既列令三桂兵居右翼末悉衆搏戰是日大風揚沙蔽天咫尺莫辨賊力鬬良久我軍呼噪者再風遂止從三桂陣右突出衝賊中堅萬馬騰躍飛矢雨墮自成方登高岡觀戰知爲我兵膽落急策馬下岡走我兵無不一當百追奔四十里賊大潰遁回京都王卽軍前承

制進三桂爵平西王下令關內軍人皆薙髮以馬步兵萬隸三桂先驅追賊乃誓諸將曰此行除暴救民滅賊安天下勿殺無辜勿掠財物勿焚廬舍不如約者罪之仍諭官民以取殘不殺共享太平之意自關以西各城堡百姓逃竄山谷者皆還鄉里薙髮迎降遂以捷音馳奏五月朔師次通州自成已先一日焚宮闕載輜重西遁王令諸王同三桂各率所部追賊翼日王入京師明

文武百官率軍民老幼。焚香跪迎朝陽門外。設故明鹵簿。請乘輦。王曰予法周公輔成王。不當乘輦。諸臣以周公負扆攝政固請。王曰予來定天下。不可不從衆意。乃乘輦入武英殿。下令安輯百姓。飭將士皆乘城。毋入民舍。有卒。屠民家犬。射傷犬主。斬以徇。民皆安堵如故。爲崇禎帝發喪三日。具帝禮葬。歸順諸臣俱以明原官任事。武英郡王等追賊至望都。自成奔西安。畿輔諸城俱納欵分遣都統覺羅巴哈納石廷柱棄臣及侍郎王鰲永等招撫山東山西河南以京城內外經賊蹂躪鰥寡孤獨無生計者飭所司贍養告官吏軍民曰養民之道莫大於省刑罰薄稅斂自明季禍亂刁風日競以越訴誣告爲常設機搆訟敗俗傷財心竊痛之自今嘉與爲新凡五月初二日昧爽以前罪無大小悉行宥免違諭興訟卽以所告罪罪之鬬毆婚田細事

就有司告理。重大經撫按結案。非機密重情。毋得入京越訴。訟師誣陷良民。加等反坐。前朝弊政。莫如加派。遼餉外又有勦餉、練餉。數倍正供。遠者二十年。近者十餘載。天下嗷嗷。朝不及夕。更有召買糧料諸名目。巧取殃民。今與民約。額賦外一切加派。盡予刪除。如官吏仍混徵暗派。察實治罪。時明福王朱由崧自立於江寧。其大學士史可法督師揚州。又設江北四鎮。沿淮徐置戍卒王欲招之降令南來副將韓拱薇等致書可法曰予向在瀋陽即知燕京物望咸推司馬後入關破賊得與都人士相接識介弟於清班曾託其勒手書致衷緒未審以何時得達比聞道路紛紛多謂金陵有自立者夫君父之讐不共戴天春秋之義有賊不討則故君不得書葬新君不得書即位所以防亂臣賊子法至嚴也闖賊李自成稱兵犯闕手毒君親中國臣民

王不聞加遺一矢。平西王吳三桂。介在東陲。獨效包胥之哭。朝廷感其忠義。念累世之宿好。棄近日之小嫌。爰整貔貅。驅除狗鼠。入京之日。首崇懷宗帝后謚號。卜葬山陵。悉如典禮。親郡王將軍以下。一切故封。不加改削。勳戚文武諸臣。咸在朝列。恩禮有加。耕市不驚。秋毫無擾。方擬秋高氣爽。遣將西征。傳檄江南。聯兵河朔。陳師鞠旅。戮力同心。

報乃君國之讐彰我

朝廷之德豈意南州諸君子苟安旦夕弗審事機

聊慕虚名頓忘實害予甚惑之

國家之撫定燕都乃得之於闖賊非取之於明朝

也賊毁明朝之廟主辱及先人我

國家不憚征繕之勞悉索敝賦代爲雪恥孝子仁

人當如何感恩圖報兹乃乘逆寇稽誅

王師暫息遂欲雄據江南坐享漁人之利揆諸情

理豈可謂平將以爲天塹不能飛渡投鞭不足斷流耶夫闖賊但爲明朝祟耳未嘗得罪於我國家也徒以薄海同讐特伸大義今若擁號稱尊便是天有二日儼爲勍敵予將簡西行之銳轉旆東征且擬釋彼重誅命爲前導夫以中華全力受制潢池而欲以江左一隅兼支大國勝負之數無待蓍龜矣予聞君子之愛人也以德細人則以姑息諸君子果識時知命篤念故主厚

愛賢王宜勸令削號歸藩承襲福祿
朝廷當待以虞賓統承禮物帶礪山河位在諸王
侯上庶不負
朝廷伸義討賊興滅繼絕之初心至南州羣彥翩
然來儀則爾公爾侯列爵分土有平西之典例
在帷執事實圖利之輓近士大夫好高樹名義
而不顧國家之急每有大事輒同築舍昔宋人
議論未定兵已渡河可為殷鑒先生領袖名流

主持至計。必能深維終始。寧忍隨俗浮沈。取舍從違。應早審定。兵行在卽。可西可東。南國安危。在此一舉。願諸君子同以討賊爲心。毋貪一身瞬息之榮。而重故國無窮之禍。爲亂臣賊子所笑。予實有厚望焉。記有之。惟善人能受盡言。敬布腹心。佇聞明教。江天在望。延跂爲勞。書不宣意。可法旋遣人答書曰。南中向接好音。法隨遣使問訊吳大將軍。未敢遽通左右。非委隆誼于

草莽也。誠以大夫無私交，春秋之義。今倥偬之際，忽捧琬琰之章，真不啻從天而降也。循讀再三，殷殷致意。若以逆賊尚稽天討，煩

貴國憂。法且感且愧，懼左右不察，謂南中臣民，媮安江左，竟忘君父之怨，敬爲

貴國一詳陳之。我大行皇帝，敬天法祖，勤政愛民，真堯舜之主也。以庸臣誤國，致有三月十九日之事。法待罪南樞，救援無及，師次淮上，凶問遂

來。地坼天崩。山枯海泣。嗟乎。人孰無君。雖肆法於市朝。以爲泄泄者之戒。亦奚足謝先皇帝於地下哉。爾時南中臣民。哀慟如喪考妣。無不拊膺切齒。欲悉東南之甲。立剪兇讐。而二三老臣。謂國破君亡。宗社爲重。相與迎立今上。以繫中外之心。今上非他。神宗之孫。光宗之子。而大行皇帝之兄也。名正言順。天與人歸。五月朔日。駕臨南都。萬姓夾道歡呼。聲聞數里。羣臣勸進。今上悲不自勝讓再讓三僅允監國迨臣民伏闕屢請始以十五日正位南都從前鳳集河清瑞應非一卽告廟之日紫雲如蓋祝文升霄萬目共瞻欣傳盛事大江湧出柟梓十萬章助修宫殿豈非天意也哉越數日遂命法䝉師江北刻日西征忽傳我大將吳三桂借兵貴國破走逆成爲我先皇帝后發喪成禮掃清宫闕撫輯羣黎且罷薙髮之令示不忘本朝此等

舉動。振古鑠今。凡爲大明臣子。無不長跽北向。頂禮加額。豈但如明諭所云感恩圖報已乎。謹于八月薄治筐篚。遣使犒師。兼欲請命鴻裁。進兵西討。是以王師既發。復次江淮。乃辱明誨。引春秋大義來相詰責。善哉乎推言之。然此文爲列國君薨世子應立。有賊未討。不忍死其君者立說耳。若夫天下共主。身殉社稷。青宮皇子。慘變非常。而猶拘牽不卽位之文。坐昧大一統之義中原鼎沸倉猝出師將何以維繫人心號名忠義紫陽綱目踵事春秋其間特書如莽移漢鼎光武中興丕廢山陽昭烈踐祚懷愍亡國晉元嗣基徽欽蒙塵宋高纘統是皆于國讐未翦之日亟正位號綱目未嘗斥爲自立率以正統與之甚至如元宗幸蜀太子卽位靈武議者疵之亦未嘗不許以行權幸其光復舊物也本朝傳世十六正統相承自治冠帶之族繼絕存亡

仁恩遐被。

貴國昔在先朝。夙膺封號。載在盟府。寧不聞乎。今

痛心本朝之難。驅除亂逆。可謂大義復著于春

秋矣。昔契丹和宋。止歲輸以金繒。回紇助唐。原

不利其土地。況

貴國篤念世好。兵以義動。萬代瞻仰。在此一舉。若

乃乘我蒙難。棄好崇讐。規此幅幀。為德不卒。是

以義始而以利終。為賊人所竊笑也。

貴國豈其然。往先帝軫念潢池。不忍盡戮。勦撫互用。貽誤至今。今上天縱英明。刻刻以復讐爲念。廟堂之上。和衷體國。介胄之士。飲泣枕戈。忠義民兵。願爲國死。竊以爲天亡逆闖。當不越于斯時矣。語曰。樹德務滋。除惡務盡。今逆成未伏天誅。諜知捲土西秦。方圖報復。此不獨本朝不共戴天之恨。抑亦

貴國除惡未盡之憂。伏乞堅同仇之誼。全始終之

德合師進討問罪秦中共梟逆賊之頭以洩敷
天之憤則
貴國義問照耀千秋本國圖報惟力是視從此兩
國世通盟好傳之無窮不亦休乎至于牛耳之
盟則本朝使臣久已在道不日抵燕奉盤盂從
事矣法北望陵廟無涕可揮身陷大僇罪當萬
死所以不即從先帝者實惟社稷之故傳曰竭
股肱之力繼之以忠貞法處今日鞠躬致命克

盡臣節所以報也。惟殿下實昭鑒之。書至。宜付內院。先是畿輔初定。王遣輔國公屯齊喀。和度等。迎上駕。奏言京師形勢宜建都。皇上宅中圖治。宇內朝宗。可慰天下仰望之心。至是率諸王迎駕於通州。十月。上御皇極門。

賜冊寶。封叔父攝政王。建碑紀績。復豪格肅親王爵。晉
阿濟格爲英親王。同三桂。可喜。由邊外趨綏德。
復多鐸豫親王。同有德。仲明。由河南趨西安。勦
賊定。後豫親王還征江南。二年五月。鄭親王等
議定攝政王儀制。視諸王有加。禮王曰。
上前未敢違禮。他處如議行。翌日入
朝。見諸臣皆跪。遂同輿責大學士剛林等曰。諸臣
何故跪此。

皇上之朝門也。他處行此禮尚可。乃行之
朝門。豈有竟受之理。其論衆官知之。御史趙開心
疏言。攝政王見諸臣跪迎。即回。因諸臣徒知尊
王。而不知王之尊
皇上也。以叔父之親。兼攝政之尊。原與諸王有異。然羣
臣謁王。當與朝見
皇上禮不同。宜明定儀制。又稱號必先正名。
上諭稱攝政叔父王。叔父惟

皇上得稱之。若臣庶皆稱。則尊卑無異。臣以爲當於叔父上加一皇字。庶上下辨而名義定。疏下禮部議行。六月。豫親王克揚州。可法死之。遂下江寧。擒由崧於蕪湖。江南平。閏六月。英親王勦賊至武漆。東下九江。故明寧南侯左良玉之子夢庚。率衆降。遂班師。七月。王致書豫親王曰。王遣貝勒博洛等招撫常州。蘇州。杭州。紹興諸府。降故明潞王朱常淓。淮王朱常清。已悉知之。大兵自久勞苦。王可率諸將士還京。南京改稱江南省。
應天府改爲江寧府。王量留兵交貝勒勒克德
渾、都統葉臣駐守。朱氏在任者改補他職。所鑄
錢留充餉。洪武陵設太監四名、守陵兵四十名。
給地供祭祀。投誠官或來京、或彼處安置。王其
酌行之。又致書英親王曰。爾等先稱流賊盡滅。
李自成已死。後又言戰敗賊兵凡十三次。則先
稱殲賊竟屬虛語。今又聞自成遁江西。爾等旣

稱在江西候
旨何竟敢行八月英親王還京王令停遣官出迎尋議英親王出征時罪降郡王事具本傳十月誡浙江總督張存仁曰各官之任曾屢飭盡忠勤職毋諂媚餽遺本王爾爲封疆大吏宜表率僚屬乃送爾本王緞茶豈前諭未之聞耶後勿復如此是月同鄭親王肅親王入謝
上賜良馬恩出

諭曰凡遇朝賀大典朕受王禮若此等小節無與諸王
同王奏
上年幼冲臣不敢違禮俟
上春秋鼎盛凡有
寵恩自不敢辭十二月集諸王貝勒貝子公大臣等遣
人傳諭以尊崇
皇上誠諂媚已且曰
太祖

太宗所貽之業。予必力圖保護。俟
皇上春秋鼎盛。即行歸政。又曰。前所以不立肅親王者。
非予一人意。因諸王大臣皆曰。若立肅親王。我
等。皆無生理。是以不立。傳語畢。惟豫親王不答。
使者還報。復遣傳語曰。昔
太宗賓天時。予在
朝門幄中坐。爾與英王跽請即尊位。謂兩旗大臣
屬望我者多。諸親戚皆來言。予時以死自誓。乃

已。此言豈烏有耶。豫親王語塞。諸王請議其罪。王以事在赦前。且誡令自省。非欲加罪。免之。三年正月。遣肅親王征四川流賊張獻忠。二月。集尚書公英俄爾岱等諭曰。予爲

上攝政。惟恐事多闕誤。生民失所。日夜焦思。又素嬰風疾。勞瘁弗勝。予有過。毋或瞻徇。其一一指陳。至

國家事。各有專屬。戶部惟英俄爾岱。內院惟范文程、剛林、甯完我、額色赫是賴。皆當勉力。勿憚勞。

又言諸王均宜優養安榮其拜跪儀文殊爲可省日者肅親王出師予爲祖道以金鞍良馬解贈王屈體而受予心惻至今因欲禁此禮爾等爲我善諭之五月率諸王大臣出安定門送豫親王征蘇尼特部諭將帥皆宜躬先臨陣奮勇破敵勿退後言虛名八月豫親王擊敗喀爾喀部土謝圖汗碩雷汗凱旋王迎之烏蘭諾爾宴賚出征王貝勒及外藩台吉等四年七月集各

部尚書啟心郎等諭曰內大臣禮部僉以豫親王功懋應進封輔政叔王予初亦念及以王為予季弟猶豫未果今思黜陟為
國家鉅典烏容瞻顧爾等與諸王議行又諭豫親王曰汝繼予輔政其益加勤勉尋罷鄭親王輔政復阿濟格親王十二月以風疾不勝跪拜從諸王大臣議元旦節
上前行禮後起立以待其進酒入班行跪禮俱停止五

年二月。肅親王平四川。凱旋。王以肅親王徇隱隨征護軍統領希爾根冒功事。又欲擢用罪人揚善之弟吉賽。戒飭再三。不引咎。令諸王大臣論罪。幽繫之。七月。王見三桂子應熊。服黃紗衣。詰之。乃豫親王所與。罰豫親王銀二千兩。十二月。大同總兵姜瓖叛。遣副都統阿喇善等。助英親王圍勦。六年二月。王自將征大同。次固爾班口。有碩雷汗下七人來歸。言碩雷汗兵馬。距十日程。王因出張家口。趨喀爾喀。行三日。以馬瘠。且道乏水。罷。仍移師討瓌。三月朔。次桑乾河。先遣官招撫渾源州。應州。越數日。應州從賊忝將張祖壽。山陰從賊知縣顏永錫。各詣軍前降。師薄大同。遣人諭瓌曰。渾源負固不服。已克平。應州。山陰。皆効順。子今來此。速開門迎降。當宥爾。今不降。勢廹。後降亦不從。與其自取死亡。不如速歸順。瓌抗拒如故。端重郡王博洛。承澤郡王

碩塞復代州敬謹郡王尼堪剿賊太原率都統阿賴等屢戰皆捷斬僞巡撫姜瓖王郎軍中晉封三郡王爲親王告之曰爾等向不在貴寵列予以同係

太祖孫加錫王爵位次俸祿不得與大藩等王先歸四月以貝子務達海鎮國公屯齊喀等征大同令英親王還京六月英親王遣人啟王以輔政德豫親王子不當優異鄭親王不當稱叔王而自

請爲叔王。王拒之曰。豫王功多。且舊封親王。其子多爾博。予養爲子。多尼應襲王爵。何謂優異。鄭王雖叔父子。封親王。亦久。爾原爲郡王。何得妄思越分。英親王復請營府第。王乃數其擅加大同衆官銜級諸罪。令後勿預部事。接漢官。並誡衆曰。諸王及內大臣。有干預部院政事。及內外漢官升降者。不論言是非。即治罪。予於各官應遷者遷。應降者降。豈如明季偏聽人言。輕爲進退。耶至諸王於非所屬官員。私傳至府者罪在諸王。聽傳往者。罪在衆官。如遇應傳之事。諸王必先啟奏方許。又諭禮部曰。予師行在外。所出政令。必關六部都察院鑾儀衛之事。原設印信。不便攜行。今倣古制。別鑄印各一。加行在二字。以後差遣侍衛用鑾儀衛印。七月。復統師征大同。行十餘日。遣護軍統領索渾。希爾根。助親王滿達海。剿賊寧武關。獵於阿嚕什巴爾台等處而還八月寧武關僞總兵劉偉僞道趙夢龍等降大同僞總兵楊振威等斬瓌及其兄弟首獻軍前賊黨以次削平九月一等輕車都尉希福自以奉使外藩勞丐王優用王以其自請諭內大臣等議罪應棄市令免死革職不許隨朝及往來諸王大臣家十月以喀爾喀二楚呼爾嘗犯邊統師討之徵敖漢扎嚕特察哈爾烏喇特土默特四子部落各以兵會至喀屯布拉克

不見賊，乃班師。十二月，王妃博爾濟吉特氏薨，
以玉冊寶追封爲敬孝忠恭正宫元妃。七年正
月，納肅親王妃博爾濟吉特氏，並遣官選女子
於朝鮮。二月，令部事不須題奏者，付親王滿達
海及端重親王、敬謹親王料理。五月，率諸王貝
勒獵山海關，令親王多尼、順承郡王勒克德渾、
貝子務達海、錫翰、鎮國公漢岱並議政。是月，朝
鮮送女至，王親迎之於連山，即日成婚。六月，獵

中。後所議隨獵王貝勒等不整行列罪罰貝勒屯齊尚善貝子扎喀納鍰有差肩親王滿達海罰申戒之七月王欲於邊外築城清暑令戶部計額徵地畝人丁數加派直隸山西浙江山東江南河南湖廣江西陝西九省銀二百四十九萬兩有奇輸工用王尋以悼妃故有疾錫翰與內大臣席納布庫等詣第王怨曰頃予罹此莫大之憂體復不快

上雖人主。念此大故。亦宜循家人禮。一爲臨幸。若謂
上方幼冲。爾等皆親近大臣也。又曰。爾等毋以予言請
駕臨錫翰等出。王遣人追止之。不及。於是
上幸王第。王責錫翰等罪。降罰有差。八月。遣禮部尚書
阿哈尼堪。迎朝鮮王李淏之弟阿哈尼堪。啟理
部事諸王。以理事官恩國泰。自代事覺。議罪。革
阿哈尼堪職。罰親王滿達海銀三千兩。降端重
親王。敬謹親王爲郡王。各罰銀二千兩。十一月

王以疾卒諸王貝勒獵邊外十二月薨於喀喇河屯年三十有九

上聞震悼

親率王貝勒大臣縞服迎奠東直門外

允議政王大臣請部院事仍令滿達海博洛尼堪三王理之八年正月議以王嗣子多爾博襲封親王

俸祿視諸王三倍用物同

御用者撤去裁護衛百員爲六十議入得

旨朕之初心本欲於攝政王歸政之後優禮酬報不意

王中道捐棄。未遂朕懷。今多爾傅應特加恩禮。所議

裁去護衛四十。朕殊不忍。其仍留八十員。尋以王近

侍蘇克薩哈詹岱訥為議政大臣。復博洛尼堪親

王。

詔各省輸助築城銀。盡抵今年額徵錢糧。二月。蘇克薩

哈詹岱等首告王薨時。其侍女吳爾庫尼將殉。

呼從官羅什博爾惠蘇拜穆濟倫告以王曾製

入補黃袍。令與大東珠。朝珠。黑貂褂。潛置棺內。

又王欲於永平圈房。以兩旗官兵移駐。與都統

和洛輝等共定逆謀。因出獵稽遲未行。都統譚

泰。亦首言王納肅親王妃。并令肅親王子至第

較射。和洛輝以惡言詈之。於是鄭親王濟爾哈

朗。巽親王滿達海。端重親王博洛。敬謹親王尼

堪及內大臣等疏言。昔

太宗文皇帝龍馭上賓。諸王大臣共矢忠誠。翊戴

皇上因方在冲年，令臣濟爾哈朗與睿親王多爾袞同
　輔政。逮後多爾袞獨專威權，不令濟爾哈朗預
　政，遂以母弟多鐸爲輔政叔王，背誓肆行，妄自
　尊大。以
皇上之繼位盡爲己功。又將
太宗文皇帝昔年恩養諸王大臣官兵人等爲我
皇上攻城破敵勦滅賊寇之功全歸於己。其所用儀仗
　音樂、衛從，俱僭擬至尊。造府與宫闕無異，擅用

織造緞疋。糜庫貯金銀。將
皇上侍臣伊爾登陳東一族及所屬佐領人丁。剛林巴
爾達齊二族盡收入己旗。又擅自詐稱
太宗文皇帝之卽位原係奪立。以挾制中外。又搆陷威
逼使肅親王不得其死。遂納其妃。且將戶口財
產不歸公。俱以肥己。又誘
皇上侍臣額爾克岱靑席納布庫等。欲令附己。凡一切
政事及批票本章。不奉

上命。概稱詔旨。擅作威福。任喜怒爲黜陟。僭妄背理。不可枚舉。又不令諸王貝勒貝子公等入朝辦事。令日候府前。竟以朝廷自居。顯有悖逆心。臣等從前畏威吞聲。今蘇克薩哈等首告逆謀。詳鞫皆實。應追治其罪。削爵黜宗室。籍財產入官。其嗣子多爾博給信親王多尼。疏入。得旨如議行。閏二月。追論王私閱太祖高皇帝實錄。令大學士剛林等削書其母殉葬時事。剛林等治罪如律。十二年。
詔內外大小官直言時政。吏科副理事官彭長庚。一等
子許爾安。各上疏頌睿親王元功。請復爵號。修
其墓。下王大臣議。鄭親王濟爾哈朗貝勒尚善
等奏。長庚言
太宗文皇帝創業盛京。諸王俱樹勳勞。而睿親王之功
爲冠。又與諸王堅持盟誓。扶立
皇上。鞠躬任事。考自

太宗文皇帝創業遴諸王分理六曹從未以多爾袞功
大推爲冠首
皇上嗣膺大寶王大臣等同心翊贊亦非多爾袞獨效
忠誠又言遇奸人煽惑離間骨肉如郡王阿達
禮貝子碩託私謀擁戴乃執大義立寘典刑查
阿達禮碩託之伏法由謀於禮親王代善禮親
王遣諭多爾袞言詞迫切多爾袞懼罪及已始
行舉首又言奉

命統兵收拾明疆大權在握關內關外咸知有攝政王一人是時
皇上冲齡遠在盛京彼若肆然自帝誰能禁之而乃先驅綏定恭迎
聖駕查多爾袞克取明疆並非秉權獨往先是臣濟爾哈朗率兵攻克中後所前屯衛中前所三城凱旋乃遣多爾袞往收燕京彼時燕京不過一空城耳卽他王政取亦勢在必克有何偉績又言

當其初薨尚無異議爲時無幾朝論紛起論罪削爵毀滅過甚查多爾袞亡後禮數甚渥因其近侍首告逆蹟審實始追奪爵號何謂朝論紛起毀滅過甚又言詢之故老聽之傳聞前後予奪之間似不相符查長庚分屬新進所詢故老何人所得傳聞又是何語又言肅親王妃責亂一事愆尤莫掩然功多罪少應存議親議故之條查多爾袞將肅親王無因戕害收其一妃又

以一妃私與其兄英親王此罪尚云輕小何罪爲大多爾袞議親是矣肅親王又

皇上何人獨非親乎又言私匿

帝服御用等物必由彼傳諭織造早晚齎送暫貯王府查多爾袞專製帝服隨身備用伊侍女密囑潛置棺内經首告始搜出並非暫貯之物又言方

今

皇上宵旰求寧而水旱相繼似同風雷之警伏思多爾

亥在日。豈無水旱之虞。即今日亦並無風雷之警。何得以金縢比擬。又言賜之昭雪。復其爵號。一以彰

太祖之有子。

太宗之有孫。

皇上開創之有臣。且以見

太宗知人之明。併以勵諸王作忠之氣。幽明交感。災眚可弭。率皆狂惑之心。悖妄之語。至於援引成王

周公事蹟。以比睿王。尤屬乖謬。夫武王繼商而立。封周公之子伯禽於魯。特命周公攝守國政。多爾袞攝政。曾奉有

太宗之特命乎。周公誅管叔。放蔡叔於郭鄰。以其同武庚叛也。肅親王亦曾有叛情乎。且多爾袞圖肅親王元妃。又以一妃與英親王。周公曾有此行乎。與其黨同謀離間

皇上侍衛勤滓其第。周公又有此行乎。以避痘為名。奉

皇上遠幸邊外西喇塔喇地方侍衛不及百人又乏扈從之兵時經長夏勢甚孤危周公又有此行乎與弟豫親王及英親王子勞親造府糜帑數百萬致兵餉空虛以他物抵充周公又有此行乎於海子內建避痘處所私動內帑擅差部員苦累官工夫

皇上一切營建止用內府工匠而彼竟私役官工周公又有此行乎尤可異者多爾袞欲離

皇上。私與其黨定計。駐永平。又擅娶朝鮮國王族女一女。不足。其願又娶一女。未至而身亡。又

太宗時。英親王被論。因罰出公遏必隆等三佐領。及至燕京。多爾袞擅給還英親王。又將黃旗下剛林和洛輝。巴爾達齊三族。取入伊旗。又

皇上六近臣。曾各盟誓效忠。而多爾袞逼勒敗盟。又違例於八旗選美女。入伊府。並於新服喀爾喀部索取有夫之婦。又濫費公帑。將織造江南蘇杭

緞疋。私爲巳有。充賞比倖種種不法情狀衆目共見。其餘瑣細敗檢之事。不可枚舉。長庚。爾安乃妄稱功侔周公。結黨煽亂。應論死。家產籍沒妻子爲奴。

詔從寬並流徙寧古塔。許爾安所襲父定國世爵准定國他子襲。乾隆三十八年二月。

諭曰。睿親王多爾袞當

世祖章皇帝沖齡踐阼時。攝政有年。威福自專。不能恪盡臣節身殁之後因其屬人首告經諸王大臣定罪除封成案具在第念我朝定鼎之初睿親王實先統衆入關肅清京輦檄定中原前勞未可盡泯今其後嗣廢絶而塋域之在東直門外者歲久益就榛蕪亦堪憫惻著交內務府派員往視繕葺仍爲量植松楸並准其近支王公等以時祭掃用昭

朕篤念成勳之意四十三年正月

諭曰睿親王多爾袞當開國時首先統衆入關掃蕩

賊氛肅清宮禁分遣諸王追殲流寇撫定疆陲一
切創制規模皆所經畫尋卽奉迎
世祖車駕入都定國開基以成一統之業厥功最著顧
以攝政有年威福不無專擅諸王大臣未免畏而
忌之遂致殁後爲蘇克薩哈等所搆授欵於其屬
人首告誣以謀逆經諸王定罪除封其時我
世祖章皇帝實尚在冲齡未嘗親政也夫睿王果萌異
志則方兵權在握何事不可爲且吳三桂之所迎

勝國舊臣之所奉止知有攝政王耳其勢更無難

號召卽我滿洲大臣心存忠篤者自必不肯順從

然彼誠圖爲不軌無難陰鋤異已以遂逆謀乃不

於彼時因利乘便直至身後以歛服僭用明黃龍

衮指爲覬覦之證有是理乎况英親王阿濟格其

同母兄也於追捕流賊回京時誑報李自成身死

且不俟

旨班師睿王卽遣員斥責其非並免王公等往迎之禮

又因阿濟格出征時脅令巡撫李鑑釋免逮問道員及擅至鄂爾多斯土默特取馬會議其罪降爲郡王平日辦理政務秉公持正若此是果有叛志無叛志乎又

實錄載睿王集諸王貝勒貝子公大臣等遣人傳語曰今觀諸王貝勒大臣等但知諂媚於予未見有尊崇

皇上者予豈能容此昔

太宗升遐。嗣君未立。英王。豫王。跪請予即尊位。予曰。若必如此言。予即當自刎。誓死不從。遂奉

皇上纘成大統。似此危疑之日。以予爲君。予尚不可。今乃不敬

皇上而媚予。予何能容。自今以後。有盡忠

皇上者。予用之愛之。其不盡忠不敬事

皇上者。雖媚予。予不爾宥也。且云

太宗恩育予躬。所以特異於諸子弟者。蓋深信諸子之

成立。惟予能成立之。每覽
實錄至此。未嘗不爲之墮淚。則王之立心行事。實能篤
忠藎。感
厚恩。深明君臣大義。尤爲史冊所罕覯。使王彼時如宋
太宗之處心積慮。則豈肯復以死固辭。而不爲邪
說搖惑耶。乃令王之身後。久抱不白之冤於泉壤。
心甚憫焉。假令王之逆跡。稍有左驗。削除之罪。果
出於我

世祖聖裁，朕亦寧敢復翻成案？乃實由宵小奸謀搆成冤獄，而王之政績載在實錄者，皆有大功而無叛逆之跡，豈可不爲之昭雪乎？昨於乾隆三十八年，因其塋域久荒，特敕量爲繕葺，並准其近支祭掃。然以王之生平盡心王室，尚不足以慰彼成勞。朕以爲應加恩復還睿親王封號，追謚曰忠，補入玉牒。並令補繼襲封，照親王園寢制度修其塋墓，仍令

太常寺春秋致祭。其原傳有未曾詳敘者。並交國

史館恭照

實錄所載。敬謹輯錄增補宗室王公功績傳。用昭彰闡

宗勳至意。於是多爾袞追復舊封配享

太廟。其睿親王爵世襲罔替。八月入祀

盛京賢王祠。

初次襲淳穎。睿忠親王多爾袞七世孫。初王嗣

子多爾博歸本宗。

恩封多羅貝勒。生蘇爾發。襲固山貝子。生塞勒。塞勒生功宜布。皆襲輔國公。生如松。襲多羅信郡王。淳頴。如松第三子也。乾隆三十六年四月。襲信郡王。修齡所遺之輔國公。四十三年正月。上旣追復多爾衮舊封。命襲封和碩睿親王。現充宗人府宗令。總理正紅旗覺羅學。

欽定宗室王公功績表傳卷四

欽定宗室王公功績表傳卷五

傳三 親王

和碩豫親王多鐸傳

多鐸

太祖高皇帝十五子。初封貝勒。天聰二年二月。從

上征多羅特部。有功。

賜號額爾克楚呼爾。三年十月。從

上征明。由龍井關入。同貝勒莽古爾泰、多爾袞以偏師

圍漢兒莊城降之遂會大軍克遵化進薄京城。明寧遠巡撫袁崇煥錦州總兵祖大壽以兵二萬來援屯廣渠門外諸貝勒敗之追至壕多鐸以幼。後潰卒來犯却之十二月旋師薊州遇明援兵自山海關來距城二里許列陣多鐸同諸貝勒擊殲之五年三月

命諸貝勒直言時政多鐸奏曰臣未預理刑其中公私不得知但觀法司諸臣實心任事秉公執法者

少當令明習法律遵守成規八月從

上圍明大凌河城正白旗兵圍東北多鐸軍爲策應旋

同大貝勒代善等克近城臺堡九月明援兵七

千出錦州拒我前鋒軍於小凌河岸

上以兵二百馳擊敵潰遁多鐸追迫錦州墜馬馬逸入

敵陣乃乘軍校扎福塔之馬而還越十日明援

兵四萬距大凌河十五里列營多鐸從

上擊敗之十一月同貝勒濟爾哈朗往塔山東沿海截

臨。俘百餘人。六年五月。從
上征察哈爾。林丹汗遁。同濟爾哈朗多爾袞等俘其衆
千餘。于歸化城西南黃河岸。七年六月。
詔問征明。及朝鮮。察哈爾。三者何先。奏言我兵非怯鬭。
止攻山海關外城。豈可必得。夫攻關外城。與攻
北京城。名雖不同。勞苦則一。宜直入關。庶可壓
士心。成久遠計。且相機審時。古語有之。若緩曰
夕。敵漸知備。固城池。修根本。何隙之可乘。我何

愛于明。祇念士卒勞苦。姑與和。若時可取。原不待再計。至察哈爾。且勿加兵。朝鮮已和。勿遽絕。惟先圖其大者。如蒙

天佑得之。餘隨所求皆至矣。八年五月。從

上征明。入龍門口。敗明兵。克保安州。事詳英親王傳。復畧朔州。至五臺山。還。從

上擊敗明兵于大同城南。九年五月。

上先遣諸貝勒征明山西。度明必調寧遠錦州兵往援

命多鐸以軍入寧錦界牽制之遂由廣寧進以都統阿山石廷柱率兵四百前驅大壽令副將劉應選吳三桂劉成功趙國志合錦州松山兵三千五百營大凌河西多鐸甫過十三山站阿山等遣人以敵數報多鐸盡率所部馳擊塵蔽天明兵驚潰我軍兩路追擊一至錦州一至松山斬應選及軍官八人兵五百擒遊擊曹得功等獲馬二百餘甲冑無算翼日攻克一臺回駐廣寧邊

境。旬餘乃還。

駕出懷遠門五里迎勞。

諭嘉其初專閫外能出奇取勝

賜良馬五。甲五。崇德元年四月。晉封和碩豫親王。六月。

命掌禮部事。八月。同睿親王多爾袞。征明錦州。降胡有

陞等由義州還。十二月。從

上征朝鮮。由沙河堡。領兵千。繼前鋒軍至朝鮮國都。其

國王李倧遁南漢山城。進圍之。其臣在外者以

兵二萬餘援城中兵亦出屢擊之捷迎
上駐城西獻所獲馬械
命分賚有差二年正月朝鮮全羅忠淸兩道援兵列營
南漢山
命多鐸往視朝鮮兵拒山下敗之追奔上山值雪陰晦
乃還旦復進朝鮮兵已拔營遁收其馬千餘三
年九月
上至演武場送睿親王征明王以目疾甫愈不至

命俟睿親王班師議罪仍從

上征明錦州由蒙古托袞博倫界分道同貝子博洛率護軍及土默特兵入明境俘斬哨卒十餘攻克桑阿爾齋舊所居之大興堡斬守備及壯丁二百俘其戶口道擒大壽諜二人

詔往助鄭親王濟爾哈朗軍將過中後所大壽以兵來襲傷我兵九人掠馬三十王且戰且退斬三十人夜達鄭親王營翼日合兵薄中後所城

上統師至敵不敢出四年五月議前不送出師及中後
所失士馬罪降多羅貝勒八月
命掌兵部事十月同肅親王豪格征明寧遠敗敵城北
山岡斬總兵金國鳳及其二子五年三月
命同鄭親王分統左右翼兵往義州葺城屯田逾月畢
工墾田東西四十里復同迎蒙古多羅特部蘇
班岱等降衆敗明兵
賜御廐良馬一事詳鄭獻親王傳十一月圍錦州夜伏

兵桑阿爾齊堡。且。敵至。敗之。追至塔山。斬級八

十餘。獲馬二十。六年三月。復同鄭親王圍錦州

收其守郛蒙古將諾木齊等。屢敗明兵杏山。松

山間。事俱詳鄭獻親王傳。八月。明總督洪承疇

以八總兵十三萬衆來援錦州。

上親統大軍臨之。自

盛京馳六日。環松山而營。明兵震怖。宵遁。

上命多鐸設伏。明總兵吳三桂。王樸。從杏山奔寧遠。我

前鋒兵自杏山西逐之至高橋伏起殺敵無算

九月

上旋歸留多鐸與諸王更番圍松山城中兵夜出犯鑲黄旗營敗之斬級千餘十二月又犯正黄旗正紅旗營沿壕射郤之殪四百餘人七年二月明松山副將夏承德遣通欵以其子舒出質約内應夜半梯而登生擒承疇及巡撫邱民仰總兵王廷臣曹變蛟祖大樂等七月叙功晉封多羅

豫郡王十月貝勒阿巴泰由黄崖口征明薊州

命多鐸屯寧遠邊境以牽制明兵至則遣人入罯俘百

餘人敵出戰敗之多獲牲械八年四月因

聖躬違和有事祈禱疏言兵不得已而用今日之勢宜

暫息兵至國中興作俟規模既定然後舉行但

當以農務爲急農務克勤則庶民衣食豐足衣

食豐足則舉國慶豫

聖躬長享安和矣此後舉行未晚也順治元年四月隨

睿親王入山海關破流賊李自成十月晉封和
碩豫親王時明福王朱由崧自立于南京設江
北四鎮扼淮徐爲割據計
上命多鐸爲定國大將軍統師南征値河南奏流賊肆
掠懷慶
詔先勦賊河南十二月至孟津遣護軍統領圖賴先渡
河走賊守將黃士欣等沿河十五寨堡望風歸
附睢州明總兵許定國玉塞首領李際遇降至

陝州。賊將張有曾。壁靈寶縣城外。拔之。進距潼關二十里。賊據山列營。前鋒統領努山鄂碩等。攻破之。圖賴復率騎掩殺甚衆。僞汝侯劉宗敏遁。二年正月。賊將劉方亮犯我營。卻之自成親率步騎迎戰。大軍進擊。殲其步卒。賊騎奔。夜屢來犯。皆敗還。賊鑿重壕立堅壁。大軍發巨礮進攻。更疊戰方酣。賊騎三百橫衝我師。貝勒尼堪。貝子尙善等。躍馬夾擊。賊敗衄。都統恩格圖等躡之。斬獲甚衆。諸軍連破賊營。屍滿壕塹。委軍械甲冑。彌山野。自成精鋭畧盡。遁還西安。僞吳山伯馬世堯。率所部七千餘衆降。大軍入關。獲世堯所遣致書自成者三人。並世堯斬以徇。越二日。師至西安。自成巳先五日燬室廬。挈子女輜重。出藍田口。竄商州。南走湖廣。二月。奏捷。

諭嘉壯猷偉畧。調度有功。

命以陝西事付英親王阿濟格。即由河南趨淮揚。討南京之稱號自立者是月旋師河南流賊僞平南伯劉忠迎降三月分徇南陽開封親統師趨歸德州縣望風納欵所至撫兵民設官屬疏請速鑄給印信以防詐僞從之

詔獎方收關陝旋定中原勦寇安民勲庸茂著賜寶飾佩刀鈒金鞓帶四月趨泗州明守將焚橋遁遂夜渡淮直趨揚州距城二十里立營令鎮國將軍漢岱等前驅獲船三百餘翼日薄城招諭明

大學士史可法。翰林學士衛允文等降。不從。攻七日。克其城。擒斬之。五月。師至揚子江北岸。明鎮海伯鄭鴻逵等。以水師分守瓜洲。儀眞。我軍左右對敵。列營相持。三日。造船二百餘。留左翼兵駐江北岸。遣鎮國將軍拜音圖等。直渡江。副都統李率泰。引大軍以次渡。福王聞揚州失守。遁太平。大軍至南京。明忻城伯趙之龍。魏國公徐州爵。大學士王鐸。禮部尚書錢謙益等迎降。

收文武官數百員。馬步兵二十三萬有奇。王大
駐城中。安撫居民。令投誠軍悉歸伍。遣貝勒尼
堪、貝子屯齊等追福王于太平。復走蕪湖。欲渡
江。圖賴等邀之江口。明靖國公黃得功迎戰。敗
中流矢死。總兵田雄、馬得功縛福王及其妃歸
我軍。

諭嘉王與諸臣同心協力。克奏膚功。遣侍衛赴軍勞之。

初福王走太平。其大學士馬士英挾福王母南

走杭州。議奉潞王朱常淓拒守。本月貝勒博洛等趨杭州。士英迎戰。敗。渡錢塘江遁。常淓率衆降。淮王朱常淸亦自紹興來降。浙東西悉歸順。

王承

制改南京爲江南省。疏授江寧巡撫。安慶巡撫以下官三百七十三人。有僞稱杜陽王。煽亂廬江和州間者。遣總兵吳勝兆等勦平之。壽奉

詔俟貝勒勒克德渾至江寧。俘福王等還京。十月凱旋。

上行郊勞禮于南苑。晉封和碩德豫親王。
賜黑狐帽紫貂朝服金五千兩銀五萬兩馬十鞍二。三
年五月。蘇尼特部騰機思騰機特等叛奔喀爾
喀。
詔集外藩諸蒙古兵于克嚕倫河。以多鐸爲揚威大將
軍。同承澤郡王碩塞統師追勦。七月。師至盈阿
爾察克山。聞騰機思在衮噶嚕台。星夜疾進。三
日。敗賊于諤特克山。斬台吉茂海。渡圖拉河追

至布爾喀圖山。斬騰機特子二。騰機思孫三。及喀爾喀台吉十三人。盡獲其家口輜重。師次扎濟布喇克。喀爾喀土謝圖汗兩子以兵二萬。碩雷汗子以兵三萬。兩路迎戰。我師奮擊。大捷。追奔三十餘里。先後斬級數千。俘千餘人。獲駝千九百。馬二萬一千一百。牛萬六千九百。羊十三萬五千三百有奇。十月。凱旋。

上出安定門迎勞。宴之。所獲牲畜悉

頒賚將士加
賜王鞍馬一四年七月晉封輔政叔德豫親王
賜金千兩銀萬兩鞍馬二增
冊文稱定鼎中原以來所建功勳卓越等倫云六年三月薨年三十有六立碑紀功九年三月鄭親王濟爾哈朗等議多爾衮既削封爵多鐸係其母弟應追降郡王從之康熙十年六月追謚曰通
乾隆四十三年正月

諭廷臣曰豫親王多鐸從睿親王入關。肅清京輦。
卒師西平流寇。南定江浙。實為開國諸王戰功之
最。乃以睿親王之誣獄株連。降其親王之爵。其後
又改封信郡王。雖至今承襲罔替。但以王之勳績
超邁等倫。自應世胙原封。以彰殊眷。豈可以風影
微眚。輙加貶易。
命追復親王及封號。並配饗
太廟。八月。入祀

盛京賢王祠

初次襲多尼豫通親王多鐸第二子崇德七年七月封多羅郡王順治六年十月襲封和碩親王七年五月預議政八年二月加號曰信九年三月追降多鐸爲郡王多尼亦降多羅信郡王罷議政十月復議政十五年正月

上命多尼爲安遠靖寇大將軍偕平郡王羅科鐸貝勒尙善杜蘭等征明桂王朱由榔與四川廣西兩

路軍會期進取。九月。由湖南入貴州。會平越。十一月。由貴陽趨安莊衛。由榔之晉王李定國。焚磨盤江鐵索橋遁。十三月。大軍以浮橋濟。遂自交水至松嶺衛。擊走其鞏昌王白文選。十六年正月。薄雲南省。定國。文選。挾由榔南奔永昌。王入城駐守。令貝勒尚善等由鎮南州克永昌府及騰越州。六月。以王跋涉險阻。經歷寒暑。傳

諭慰勞

賜御衣一、蟒袍一及鞍馬、弓矢等物。十七年五月，凱旋，

上遣內大臣迎勞。六月，追論在雲南時誤坐前鋒統領瑚哩布等磨盤山敗績罪，罰鍰。十八年正月薨，年二十有六。謚曰宣和。

一次襲鄂扎，信宣和郡王多尼第二子。順治十八年六月，襲封多羅信郡王。康熙十四年三月，察哈爾布爾尼叛，

上命鄂扎為撫遠大將軍往討，以大學士圖海副之。瀕

行

諭曰大兵出山海關當宣布累朝待布爾尼厚恩及朕不忍加誅之意彼若悔罪來歸則已否則以敕書付縱還蒙古持往諭之即布爾尼等臨陣來降亦當保全恩養四月軍次岐爾哈台偵賊屯達祿王留輜重與圖海及副都統烏丹等輕騎前布爾尼設伏列陣待王分布滿洲蒙古兵山澗間賊伏發擣我土默特兵破之布爾尼列火器以拒大軍奮

擊。賊大敗、復收潰卒戰、幾殲之、獲馬械無算、布爾尼偕弟羅布藏、以三十騎遁。至扎嚕特境、貴勒蘇台、爲科爾沁赴調之部長沙津射殪。察哈爾平王招撫餘黨千三百餘戶。閏五月。師旋、

上迎勞于南苑。

諭褒以遠行征討。建立大功、

賜金百兩。銀五千兩。二十四年十二月。掌宗人府事。二十九年七月。噶爾丹深入烏珠穆沁。

上命恭親王常寧爲安北大將軍。鄂扎副之。三十五年二月。

上親征噶爾丹。以王統領正白旗營。三十八年十二月以惰。解宗人府任。四十一年十月薨。年四十有八。

三次襲洞鄂豫通親王多鐸第七子。順治十八年正月。封多羅貝勒。康熙十三年。四川叛應逆藩吳三桂。

上命洞鄂爲定西大將軍。同貝子温齊。輔國公綽克託
討之。師由陝西進。將抵畧陽。陝西提督王輔臣
叛于寧羌州。洞鄂以道阻。退次漢中。留將軍錫
卜臣等駐守。自引兵出棧道。由鳳縣至鳳翔。復
留副都統赫業等駐守。身率餘兵回西安。十四
年正月。
上諭廷臣曰。蘭州近邊要地。應速遣兵駐守。今保寧大
兵已回西安。達禮善巴圖魯兵。亦將至西安。其撥西

安現在兵每佐領下四五名赴蘭州。勦禦逸賊。洞鄂疏言蘭州固宜遣防但保寧還卒。鎧甲未備。達禮善巴圖魯兵。兼程來。恐難驟遣。若以西安兵往。恐輔臣由陳倉諸路。斷我棧道。自秦州。平京來。遏深爲可虞。又疏言興安兵變殺總兵王懷忠。臣等出示安撫。仍止前往興安之副都統穆舒渾兵。

上勅撫慰興安。又

諭洞鄂曰。陝西重地。棧道關係尤急。河州。秦州。通漢中要路。其若何據守保固。與總督等會議。務期萬全。時鳳縣賊毀偏橋。守隘阻運。輔臣所部王好文等復斷棧道。二月。

諭責洞鄂等退縮遲延。致狡寇阻截。仍

嚴飭往定平涼。秦州。諸路。於是將軍阿密達署副都統鄂克濟哈等率所調與京兵西安兵往平涼。洞鄂與溫齊。綽克託等率回自保寧。及達禮善巴圖魯兵往秦州。是月，賊陷蘭州。

敕兩路兵速進。洞鄂至隴州，經仙逸關，偽總兵高鼎蘩
元拒關山河岸。洞鄂與署前鋒統領穆占、西安
將軍佛尼勒等，分布前後隊，先遣都統赫業為
奇兵應援，合力衝擊，賊敗遁，獲馬械無算。進復
關山關，追擊五十里。三月，大軍次渭河，奪其橋。
圖秦州。四月，四川、平凉諸賊萬餘來援，屯南山。
城內突出賊八千餘，分擊敗之，克東西兩關，屢

敗賊陣斬偽總兵何隆李國棟招撫偽文武官二百二十餘兵八千四百餘安輯民人九萬有奇復秦州佛尼勒等追勦至閻關賊迎戰敗之復禮縣追賊至西和殺千餘人陣斬偽官三十清水伏羌俱平捷

聞

詔嘉獎六月復遣安西將軍穆占復鞏昌偽總兵趙士昇以蘭州降七月

上諭洞鄂曰國家仰荷
天眷秦州鞏昌蘭州等處漸次恢復朕甚嘉悅此係保寧還旆之兵間關跋涉戮力効命所致須不時存念恤其勞苦非緊要必節其勞無大過則寬其罰爾等將兵在外事情經練頗多必能同寅協恭折衷而行但相隔遼遠意慮所及不得不爲告誡秦地實爲形勝要區今將軍提督總兵及投誠兵衆雲屯一處將軍張勇勞績甚多恐貝勒等藐忽視之生彼憤懣時

廑朕懷。貝勒等既効勤勞。底定秦省。務期克奏全功以慰朕望。八月招撫歸川十二堡。僞叅將普國祥。及兵千餘。與將軍畢力克圖。阿密達。會平凉。賊出戰。擊斬僞總兵郝天祥。斃賊無算。九月遣副都統鄂泰。阿爾琥。敗賊于寶雞縣羊添池山。焚其營。十二月疏言。大兵攻平凉。克取第一關廂。距城三里許。對南山屯營。欲進薄城。因溝深地險難下壘。故未能即下諭宜斷賊餉道。以困之。十五年二月。

諭兵部曰。大將軍貝勒洞鄂等屯兵平凉日久。賊寇尚未剿滅。城池尚未恢復。夫秦省不能即定。川賊尚在窺伺者。皆由王輔臣未剿滅。平凉未克取故也。其以都統大學士圖海。爲撫遠大將軍。亟赴陝西剿滅逆孽。其貝勒洞鄂以下。悉聽大將軍節制。是月。疏言。聞逆賊將斷關山。擬遣兵往守。但現在兵少難分。至鞏昌雖有副都統翁愛。率兵前赴。而賊逼可

虞

命將軍錫卜臣等調兵守隘山張勇等堵剿出犯秦鞏之賊。十六年二月。

上以洞鄂統兵出征。殊負委託。削貝勒爵。三十一年九月。任正藍旗滿洲都統。四十二年三月。襲封多羅信郡王。四十五年七月薨。年六十。禮部請卹

諭廷臣曰。洞鄂補授都統。襲封王爵以來。並無感恩効力之處。且原係軍政問罪之人。不准賜卹。其王爵亦

當論嫡長所生應以前信郡王鄂扎之子德昭襲。四次襲德昭信郡王鄂扎第五子康熙四十五年七月襲封多羅信郡王雍正二年十一月授宗人府左宗正四年八月。命管正白旗事務五年十一月轉右宗正乾隆二十七年二月薨年六十有三謚曰慤。五次襲如松豫通親王多鐸六世孫初王第三子多爾博出爲睿忠親王後睿忠親王被罪未及襲。還本宗。封多羅貝勒。多爾博生蘇爾發。襲固山貝子。生塞勒。塞勒生功宜布。皆襲輔國公如松。功宜布第三子也。乾隆十一年六月襲父爵輔國公。二十七年七月任

乾清門散秩大臣。三十一年四月。管健鋭營事。六月。署鑲黃旗滿洲副都統。三十三年正月。署領侍衛內大臣。尋授宗人府右宗人。二月。授兵部侍郎。四月。授鑲紅旗滿洲副都統。三十三年二

月。調正黃旗滿洲副都統。九月。還正黃旗漢軍都統。二十四年六月。轉左宗人。九月。署兵部尚書。十二月。授領侍衛內大臣。二十五年十月。授綏遠城將軍。二十六年十一月。調西安將軍。二十七年閏五月。襲封多羅信郡王。八月。授正藍旗蒙古都統。九月。署領侍衛內大臣。二十八年七月。授右宗正。十月。管理宗人府銀庫事。三十年十一月。以縱輿夫開博場。應革爵。得

旨寬免。在閑散王上行走。如松請歲繳王之俸五千兩

贖罪。宗人府議不足蔽辜。應革爵。

命照如松請仍免革爵。三十五年十一月薨。年三十

有四。謚曰恪。

六次襲修齡。信愨郡王德昭第十五子。乾隆二

十七年六月襲。如松所遺之輔國公。三十年十

二月授散秩大臣。三十四年十月授宗人府右

宗人。十二月任正白旗滿洲副都統。三十五年

正月調鑲紅旗滿洲副都統五月轉左宗人閏

五月調正紅旗漢軍副都統三十六年四月襲

封多羅信郡王四月授左宗正三十七年三月

總理鑲白旗覺羅學四十三年正月

命復豫通親王始封爵號晉襲和碩豫親王四月任

正白旗蒙古都統四十八年十月授盟長十一

月掌宗人府事四十九年閏三月調鑲藍旗滿

洲都統五十一年三月薨年三十有八謚曰艮

七次襲裕豐豫良親王修齡第一子乾隆五十一年十月襲封和碩豫親王

和碩肅親王豪格傳

豪格。

太宗文皇帝第一子。初從征蒙古棟夔察哈爾鄂爾多
斯。諸部有功。封貝勒。天命十一年十月。同大貝
勒代善等。征克扎嚕特部。天聰元年五月。
上征明。豪格同貝勒德格類等。敗明兵于錦州。復率偏
師衛塔山糧運。遇明兵二萬。我前軍八十人擊
郤之。二年五月。同貝勒濟爾哈朗。征蒙古固特

塔布囊。誅之。收其衆。三年十月。

上征明

命同三貝勒莽古爾泰等。赴通州。視渡口。捕哨卒。大軍由通州薄京城。豪格迎擊明寧。錦。援兵於廣渠門外。敵重兵右伏。莽古爾泰令諸貝勒擊其右。避敵者畀豪格。獨如命衝殺至壕。敵大潰。十二月。同貝勒岳託。薩哈璘。圍永平府。別攻香河縣。克之。四年正月。同岳託守瀋陽。五年三月。

命諸貝勒直言時政。豪格奏曰。臣願竭忠爲國。遇征伐
不辭勞瘁。以圖報稱。七月。
上統師攻明大凌河城。豪格與貝勒杜度等居守。六年
五月。從
上征察哈爾。林丹汗遁。移師略歸化城諸路。六月。晉封
和碩貝勒。七年六月。
詔問征明與朝鮮察哈爾三者何先。奏言。我征明如徒
得錦州。餘壁不下。恐曠日老我師。今宜悉我衆

及邊外新舊蒙古從舊道入須示屯寨告以我願和而明不肯彼民身被創痍將自怨其主我勇氣自倍矣再用更番法俟馬肥益以漢兵巨礮一從寧遠一從舊路入夾攻山海關得之則已不得屯兵彼地遣人招諭流賊來歸不然駐師通州偵流賊情形彼方分兵禦我俟其懈襲之至朝鮮且暫行撫慰察哈爾如近我境則相機而行遠則且緩圖也八月與貝勒阿巴泰等

畧明山海關俘獲戸口牲畜四千有奇八年七
月
上親統大軍征明由宣府趨朔州豪格偕額駙揚古利
毁邊墻大兵遂由倘方堡分道進八月同貝勒
多爾衮畧朔州及五臺山還從
上視大同城擊敗明援兵九年二月
命同多爾衮岳託薩哈璘統兵收察哈爾林丹汗子額
哲受其降師還抵歸化城岳託以疾留豪格同

諸貝勒略明山西州縣。敗明兵。遂會岳託於歸

化城班師。事詳睿忠親王傳。崇德元年四月。晉

封和碩肅親王。六月。

命掌戶部事。尋坐黨岳託。且漏

上言。有怨心。降貝勒。解部任。罰鍰。八月。同睿親王多爾

袞攻明錦州。降胡有陞等。十一月。

命仍攝戶部。十二月。從

上征朝鮮。同睿親王統滿洲、蒙古。及外藩蒙古。各左翼

兵別從寬甸入二年正月入長山口昌州民不能禦奔山立寨攻克之敗安州黃州兵五百於寧邊城下擒其總兵寧邊帥復率兵來援遣蒙古都統蘇納等敗擒之師次宣屯村村民言黃州帥聞其王被圍率兵萬五千往援行三日矣我軍疾馳一晝夜追及於陶山敗之九月以都統鄂莫克圖欲脅取蒙古台吉博洛女以媚豪格豪格不治鄂莫克圖罪議罷部任罰鍰三年

九月征明自董家口毁邊墻入敗明兵於豐潤縣遂下山東降高唐州略地至曹州明兵毁橋拒我師列陣誘敵潛渡遶其後敗之還下東光縣又遣騎二千敗郭太監兵於滹沱河破獻縣四年四月凱旋賜馬二銀萬兩八月命仍攝戶部九月復原封十月同貝勒多鐸征明寧遠敗之北山岡五年六月同睿親王等屯田義州

刈其禾稼屢敗明兵克其臺郤其總督洪承疇之衆十二月

命同睿親王圍錦州嗣以我軍離城遠駐又遣弁兵私回議罪與睿親王並降郡王六年六月同睿郡王多爾袞代鄭親王濟爾哈朗等圍錦州屢捷擊敗承疇之卒十三萬九月還

盛京事俱詳睿忠親王傳十一月

命同輔國公滿達海圍松山七年二月明松山副將夏

承德。內應擒承疇及巡撫總兵等。斬兵備道副將遊擊等官百餘。兵三千六十有奇。事具豫通親王傳。三月。駐杏山。斬明兵出薪者三十餘人。又遣前鋒努山擊敗明兵欲入寧遠者五百餘。八四月。同鄭親王攻塔山。克之。七月。敘功復原封。

賜鞍馬一。。蟒緞百。順治元年。四月。以語侵睿親王。爲都統和洛輝等所訐。削爵。十月。

上大封諸王念豪格從定中原有功仍復原封是冬
命征山東土寇至則定濟寧破滿家洞等賊巢壘二百
五十一洞土寇平三年正月
命爲靖遠大將軍同衍禧郡王羅洛渾貝勒尼堪等西
征三月抵西安遣尚書星訥等勦賊於邠州宋
大傑賀洪器齊勳張國棟降復遣都統都類勦
賊於慶陽斬石二五月賊渠劉文炳康千總郭
天星等迎拒擊之斬康千總時賊渠賀珍二隻

虎孫守法據漢中與安武大定高如礪蔣登雷石國璽王可成周克德據嶽縣階州大軍自西安進分兵奮擊降登雷國璽可成克德餘潰遁復所陷州縣陝西平十一月入蜀至南部偵賊張獻忠據西充縣令護軍統領鰲拜先發大軍夜繼進詰旦抵西充獻忠悉衆來拒大破之斬獻忠於陣分兵克賊營百三十餘斬數萬級捷

聞得

旨嘉獎四年八月奏分定諸郡縣蜀寇悉平五年二月
凱旋
上御太和殿宴勞三月睿親王以豪格徇隱隨征護軍
參領希爾根冒功事又欲擢用罪人揚善之弟
吉賽議罪削爵繫之卒於獄八年正月
上親政念其枉復封和碩肅親王立碑表之十三年九
月追謚武再立碑以紀其功乾隆四十三年正
月

上追念肅親王忠勳
命配享
太廟其現襲之顯親王復封號曰肅八月入祀
盛京賢王祠

初次襲富綬肅武親王豪格第四子順治八年
二月襲封和碩親王改號曰顯尋預議政康熙
八年十二月薨年二十有七諡曰懿

二次襲丹臻顯懿親王富綬第四子康熙九年

六月襲封和碩顯親王三十五年二月從
上征噶爾丹同副都統禪穆布等統領正藍旗營四十
一年五月薨年三十有八謚曰密
三次襲衍潢顯密親王丹臻第六子康熙四十
一年八月襲封和碩顯親王乾隆元年二月總
理鑲白旗覺羅學三十六年十二月薨年八十
有二謚曰謹
四次襲蘊著顯懿親王富綬孫輔國將軍拜察

禮第三子康熙四十七年十二月封三等奉國將軍乾隆七年六月授內閣侍讀學士十年二月遷通政使十一月遷盛京戸部侍郎十二年五月調兵部侍郎尋任鑲黃旗滿洲副都統九月授漕運總督十四年四月以受商人程志仁等餽遺又稱奉旨嚴查鹽政吉慶私產挾詐乖張擬絞監候嗣恩釋二十年十一月授鑲白旗漢軍副都統二十一

年八月調右衛副都統二十三年八月授涼州將軍二十七年正月調綏遠城將軍二十八年三月攝歸化城都統事三十年十二月授工部尚書三十一年正月預議政尋充

經筵講官二月管會同四譯館三十二年三月因工部派辦溝渠工程不公降二級調用三十七年四月襲封和碩顯親王五月授鑲藍旗滿洲都統三十八年閏三月總理鑲藍旗覺羅學四

十三年正月

命復肅武親王始封之號仍爲肅親王四月薨年八

十謚曰勤

五次襲永錫顯密親王丹臻孫奉國將軍成信

第五子乾隆三十三年十一月授三等侍衛四

十三年閏六月襲封和碩肅親王四十九年六

月總理正黃旗覺羅學

和碩承澤親王碩塞傳

碩塞

太宗文皇帝第五子順治元年十月封多羅承澤郡王時流賊李自成奔潼關河南仍爲賊守十二月隨豫親王多鐸出征有功事具豫通親王傳二年二月還師河南尋隨豫親王征明福王朱由崧於南京四月

賜團龍紗衣一襲五月克南京福王就俘凱旋

賜金二千兩銀二萬兩三年五月蘇尼特部叛奔喀爾
喀隨豫親王往勦亦有功七月敗喀爾喀土謝
圖汗碩雷汗兵五年八月同英親王阿濟格等
勦天津土寇十一月喀爾喀行獵近邊同英親
王戍大同會總兵姜瓖叛王堅守汛地賊至麾
兵掩殺之六年正月援代州走賊黨劉遷賊又
於助馬得勝路立兩營以拒王親督戰敗之三
月睿親王多爾衮赴大同招撫瓖承

制晉碩塞爲親王七年八月以和碩親王之下多羅郡王之上無止稱親王例仍改爲多羅郡王八年閏二月晉封和碩承澤親王三月掌兵部事十月預議政十一年十一月掌宗人府事十二月薨年二十有七康熙十年六月追謚曰裕

初次襲博果鐸承澤裕親王碩塞第一子順治十二年六月襲封和碩親王改號曰莊雍正元年正月薨年七十有四謚曰靖無嗣

二次襲允祿

聖祖仁皇帝第十六子康熙六十一年十一月任內務

府總管雍正元年二月

命爲博果鐸後襲封和碩莊親王二年十一月掌宗人

府事七年二月任正紅旗漢軍都統七月調鑲

白旗滿洲都統十年八月調正黃旗滿洲都統

今上御極

命總理事務兼掌工部食親王雙俸王承

聖祖仁皇帝指授精於天文算法預修數理精蘊至是

充增修七政時憲書總裁又修律呂正義後編

御製序稱其貫徹樂義乾隆二年十二月以總理事

務得優敘

賜一奉恩鎮國公並

允王請以承澤裕親王曾孫鈕赫襲三年二月任理

藩院尚書尋充

玉牒館總裁四年十月議王與弘晳往來黨私應削爵

得
旨寬免裁親王雙俸罷理藩院尚書任十二月復以
　王私抵官物應削爵
詔仍免之罰親王俸五年六年十二月
旨免罰俸七年六月總理樂部事二十九年六月王
　七十誕辰
賜詩有近尊行裏無雙老闔藩衛中有數賢之句三
　十二年二月薨年七十有三謚曰恪

三次襲永瑺莊恪親王允祿孫奉恩輔國公弘

普第一子乾隆八年七月襲父爵奉恩輔國公

二十一年四月管健鋭營事二十二年正月署

鑾儀衛事七月任鑲黄旗滿洲副都統二十六

年三月調鑲黄旗漢軍副都統三十二年六月

襲封和碩莊親王尋任鑲紅旗蒙古都統十月

總理樂部事三十四年十月總理正藍旗覺羅

學三十八年九月署領侍衛内大臣十月授盟

長十一月掌宗人府事三十九年九月總理左右翼宗學四十一年十一月充

玉牒館總裁四十二年六月調正紅旗滿洲都統五十三年二月薨年五十有二謚曰慎

四次襲綿課莊慎親王永瑺弟奉國將軍永珂第一子乾隆五十三年五月襲封和碩莊親王

欽定宗室王公功績表傳卷五